KB190323

엘리트로 키우는 엄마
리더로 만드는 아빠

평범한 아이도 인재로 만드는 부모 교육법 30

엘리트로 키우는 엄마
리더로 만드는 아빠

초판 1쇄 인쇄일 2017년 1월 23일
초판 1쇄 발행일 2017년 2월 10일

지은이 조해경
펴낸이 양옥매
디자인 남다희
교　정 조준경

펴낸곳 도서출판 책과나무
출판등록 제2012-000376
주소 서울특별시 마포구 방울내로 79 이노빌딩 302호
대표전화 02.372.1537　**팩스** 02.372.1538
이메일 booknamu2007@naver.com
홈페이지 www.booknamu.com
ISBN 979-11-5776-366-5(03320)

이 도서의 국립중앙도서관 출판시도서목록(CIP)은 서지정보유통지원 시스템
홈페이지(http://seoji.nl.go.kr)와 국가자료공동목록시스템
(http://www.nl.go.kr/kolisnet)에서 이용하실 수 있습니다.
(CIP제어번호 : CIP2017001434)

*저작권법에 의해 보호를 받는 저작물이므로 저자와 출판사의 동의 없이 내용의 일부를
　인용하거나 발췌하는 것을 금합니다.
*파손된 책은 구입처에서 교환해 드립니다.

평범한 아이도 인재로 만드는 부모 교육법 30

엘리트로 키우는 엄마
리더로 만드는 아빠

Your child can win the Nobel Prize

조해경 지음

한국은 왜 노벨 수상자가 없는가?

우리와 이웃인 일본은 벌써 25명의 노벨 수상자를 배출했다
그렇다면 일본은 왜 우리보다 더 많은 노벨 수상자를 배출하는가

책과나무

한국은 왜 노벨 수상자가 없는가? 우리와 이웃인 일본은 벌써 25명의 노벨 수상자를 배출했다. 일본은 국민 평균 IQ가 한국인들의 평균 IQ보다 비슷하거나 떨어진다는 국제 IQ 연구보고서가 있다. 그렇다면 일본은 왜 우리보다 더 많은 노벨 수상자를 배출하는가?

세계에서 노벨상을 가장 많이 배출하는 민족은 바로 유태인이다. 국제 IQ 연구보고서에 의하면, 유태인의 IQ 역시 한국보다 비슷하거나 약간 높다. 게다가 유태인은 인구가 1천 5백만 명 정도에 불과하다. 전 세계 인구의 약 0.2퍼센트임에도 불구하고 유태인들의 노벨 수상 비율은 전 세계의 20퍼센트를 훨씬 넘고 있다.

최근까지 노벨 수상자들의 국적을 보면, 미국이 357명으로 가장 많다. 다음으로 영국이 118명, 독일 102명, 프랑스 67명, 스웨덴 31명, 러시아 27명, 스위스 26명, 일본 25명 순이다. 국적별로 보면 미국이 노벨 수상자 가운데 가장 많으며 다음으로 영국과 독일, 프랑스 순이다. 이것은 노벨 수상자와 국력사이에 상당한 연관성이 있음을 알 수 있다.

20세기가 시작되면서 영국의 작가 헨리 스테디는 미국의 전 세계화를 예견했다. 사실상 미국은 노벨상 수상자를 비롯하여 정치, 경제, 군사 등 모든 면에서 전 세계를 주도해 나가고 있다. 따라서 노벨상 수상자를 가장 많이 배출하는 미국인들의 사고를 생각해 볼 필요성이 있다.

그렇다면 노벨상을 많이 수상하는 영미국과 유럽 대륙 국가들과 노벨상 수상자가 적은 아시아 국가들과의 차이점의 근원은 무엇인가? 사회 혁명사상가이자 교육이론가인 장 자크 루소의 명저인 『에밀』에서 그 해답을 찾을 수 있다. 유럽 대륙인들의 교육에 지대한 영향을 미친 스위스의 페스탈로치가 아이들의 교육을 통해서 사회의 혁명을 시도한 것과 교육철학자 존 듀이 역시 교육을 통해서 미국의 개혁을 시도한 것에서도 그 해답을 찾을 수 있다.

동시에 유태인들의 속담 중 "부모와 선생님이 위기에 처했을 때 선생님부터 구해야 한다."는 말이 있다. 동양인들이 가지고 있는 생각과는 완전히 다른 사고다. 또한 유태인들에게 "길바닥에 책과 보석이 떨어져 있을 때 어느 것부터 주울 것인가?"라고 물으면 "당연히 책부터 줍는다."라고 말한다. 이것은 유태인들의 교육열이 얼마나 강한가를 보여 준다.

일본은 유럽국가나 영미국가 및 유태인들보다는 노벨 수상자를 적게 배출하기는 하지만, 아시아 국가들 중에서는 가장 많은 노벨 수상자를 배출하고 있다. 일본은 개화기가 시작되면서 미국을 비롯한 유럽문화를 받아들였고, 그 과정에서 일본은 서양식 교육 개혁을 단행하였다. 그 대표적인 인물은 일본 최초의 사립대학인 게이오 대학의 설립자 후쿠자와 유키치인데, 그는 현재 일본 1만 엔화에 그려져 있을 정도로 일본 현대 교육의 아버지라고 불린다.

고대 그리스시대부터 시작된 유럽의 찬란한 문화 역시 훌륭한 교육 방법을 토대로 형성되었다. 유럽인들은 자신들이 그리스 문화의 후손이라는 것을 자랑스러워하고 있다. 그리스 도시국가의 문화가 발달된 원인은 바로 아테네의 발달된 교육 문화에 기반을 두었기 때문이다. 당시 아테네에는 자녀 교육자들이 많았다. 이들은 돈을 받고서 아이들을 교육하였는데, 그 선생님들을 '소피스트'라고 불렀다. 이들 교육기관을 바탕으로 하여 유럽인들은 학교 교육과 가정 교육을 시켜 나갔다. 서양인들이 다른 지역 사람들보다 노벨상을 많이 수상하는 원인이 바로 자녀들의 훌륭한 교육 방법에 있다고 할 수 있다.

노벨상은 인류에게 수여하는 가장 권위 있는 상임에 틀림없다. 다이너마이트를 발명한 알프레드 노벨의 유언에 따라 1901년부터 매년 인류에게 공헌한 사람에게 수여되는 상이다. 노벨상을 얼마나 많이 배출하는가에 따라서 개인의 영광은 물론 상을 받은 국가의 명예가 올라간다.

한국은 노벨상 부분에서는 전무하다고 할 수 있다. 단, 김대중 전 대통령이 한반도 남북 화해 협력의 공을 인정받아서 노벨 평화상을 수여받았다. 일본과 비교해 보면 너무나 어처구니없는 노벨 수상 성적표를 가지고 있다.

이 글은 한국인들과 유럽과 미국인 및 일본인들의 교육 및 의식 구조를 바탕으로 하여 생각하며, 일본과 한국의 노벨 수상자 비율이 25 대 1이라는 문제점을 해결해 나가고자 한다. 우선 한국인들이 가지고 있는 교육 방법상의 문제에 대해 지적한다.

다음으로 한국인들의 가족주의적 사고를 바탕으로 한 개인주의적 사고인 '엘리트 제일주의', 즉 1등만을 추구하는 사고와 다양한 사고를 바탕으로 하는 서양인들과 일본인들의 사고와 노벨상 수상과의 관계를 서술하고자 한다. 또한 한국인들이 가지고 있는 출세 지향적 사고 및 신분 상승적 사고와 신분의 차별이 약한 서양인들과 일본인들의 의식구조와 노벨상과의 관계를 생각해 보고자 한다.

　　종합적으로 이 글은 학술적이 차원에서가 아니라 실제 우리가 직면하고 있는 문제점에 초점을 맞추었다. 특히 교육적인 관점에서 노벨 수상자가 되기 위해서는 어떠한 교육이 필요한지를 30가지로 정리하여 설명하고자 한다.

　　이 책의 출간을 위해 끝까지 힘써 주신 책과나무 출판사 양옥매 대표님과 담당 편집자님 이하 많은 분들에게 감사를 드린다.

낙엽이 쌓인 개화산 기슭 우거에서
유유히 흐르는 한강을 바라보며
2017년 2월
조 해 경

PART 2
평범한 아이도 노벨 수상자로 키우는 부모 교육법 30

천재도 바보가 되는
한국 교육

01

초등학교 때부터
지나친 교육열

한국 학부모들의 자녀 교육열은 세계 최고다. 1950년대와 60년대를 거치면서 중학교부터 시작된 입시제도 때문이다. 이처럼 조기부터 시작된 입시 경쟁은 결국은 자녀들이 대학만 들어가면 공부를 포기하는 결과를 초래하였고, 암기식 위주의 입시제도는 아이들의 창의성을 없애 버렸다. 그나마 1958년생이자 개띠인 베이비부머 세대부터 무시험으로 중·고등학교 입시제도가 실시되었다.

그러나 1958년생 이전 세대들은 지옥 같은 입시 경쟁을 치러야만 했다. 과거 일제강점기 시대에 학교를 다닌 사람들은 중·고등학교를 합친 5년제였으나, 나중에 중학교와 고등학교를 분리하여 6년제로 바뀌면서 두 번의 입학시험을 치러야만 했다. 일제강점기부터 시작된 한국식 입시교육을 대표하는 학교는 당연히 서울의 경기중·고등학교를 들 수 있다. 경기는 당시 한국 초등학교에서 가장 우수한 학생들만 입학할 수 있었다. 당시 경기는 한국을 대표하는 학교로서 서울대학교보다 더 알아주는 학교로 자리매김하였다. 이는 5·16 군사정변 이후인 1962년에 실시된 전국적으로 동일한 공통입시문제에서 나타난 입시 점수를 보면 알 수 있다.

총 점수가 175점인 가운데 운동 점수가 25점, 학과 필기시험 점수가 150점을 차지한다. 여기에서 가장 높은 점수를 얻은 입학생들이 들어간 곳이 경기중학으로, 175점 만점에 149점이다. 다음으로 높은 곳은 서울중학으로 139점이며, 그다음이 경복중학으로 136점이다. 나머지는 용산중학과 서울사대부중이 그 뒤를 따르고 있다. 여학생의 경우는 경기여중이 137점이고 이화가 128점, 숙명이 125점 등으로 이어진다.

이러한 학교들이 당시 세칭 '일류 학교'라고 불렸다. 지방도 마찬가지로 입시 경쟁이 치열하였다. 대구 경북중학과 부산의 부산중학과 경남중학, 광주의 서중과 일고, 인천의 인천중학과 제물포고 등이 세칭 '지방 일류 학교'들이었다.

한편 당시 일류 중학교에 입학하는 일류 초등학교들이 있었다. 그 학교들을 보면, 서울의 덕수초등학교와 수송초등 및 혜화초등학교가 있었다. 이들 학교는 대부분 당시 4대문 안에 있었다. 당시는 문안과 문밖으로 나누어져 있었는데, 문안에 사는 사람들은 지금의 강남에 해당하며 문밖에 사는 사람들은 지금의 강북에 해당된다. 그런데 문밖에 있는 학교에서는 일류 학교에 한 명도 못 들어갔다.

문안에 있는 학교의 아이들은 하루 종일 시험을 치르고 죽어라 공부를 한다. 학교가 끝이 나면 그들은 사설 과외를 받는다. 입시 전문 과외 선생은 대부분 6학년 담임을 오래 맡아서 일류 학교에 입학시킨 경험이 풍부한 초등학교 선생님들이다. 이들이 지도하면 거의 다 일류 학교에 집어넣었다. 당시 사회에서는 대학교수가 집을 팔면 초등학교 선생님이 그 집을 샀다는 말이 나돌 정도였다. 그만큼 부모들의 치맛바람이 셌다.

부모들의 힘으로 일류 중학교에 합격한 아이들은 대부분 같은 일류 고등학교에 합격한다. 그리고 그들은 대학 입시에서 대부분 일류 대학에 합격한다. 부모들은 일류 중학에 합격시켜 놓으면 일류 대학에 쉽게 들어갈 수 있다는 생각으로 치맛바람이 거세게 일어난 것이다. 당시 서울대는 소위 일류 고등학교졸업생들이 싹쓸이를 했다. 대부분 학교들의 서울대 합격률이 정해져 있었는데, 경기고가 480명 졸업생 가운데 320명 정도, 서울고는 250명 정도, 경복이 220명 정도다. 지방의 명문고인 경북고, 경남고, 부산고, 광주일고, 제물포고등도 약 1백 명 정도 합격시킨다.

서울대에서도 상위권 학과는 서울법대의 법학과와 서울상대 경제학과, 서울공대의 화공과 및 의대의 의예과 정도를 들 수 있다. 특히나 이들 상위권 학과는 경기 등 일류고가 휩쓸어 버린다. 따라서 나머지 학교들은 전교 일등을 하고 난다 긴다는 천재 소리를 들어도 합격이 불가능했다. 이렇듯 당시에는 학교 간 학생들의 실력 차이가 컸다.

그런데 여기서 한 가지 의문이 생긴다. 과연 부모의 힘으로 일류 중학에 합격한 사람들은 사회에 나가서도 노벨상을 수상할 정도의 인물로 성장하는가 하는 것이다. 여러 가지 과학적 데이터에 의하면, 일류 중학을 나온 사람들이 사회에 나와서 훌륭한 인물이 되지 못한다는 것이다. 이것은 결국 부모들의 자녀들에 대한 지나친 교육열이 천재를 바보로 만들고 만다는 것을 의미한다.

02
일류 학교 출신의 천재들은 왜 노벨상 수상자로 성장하지 못하는가

한국은 현재 세계에서 경제 브랜드 10위의 경제대국이다. 동시에 역사와 문화적으로 세계 경제 2위인 일본보다 앞섰다고 자부한다. 왜냐하면 일본은 고대로부터 한국의 백제 문화를 바탕으로 발전한 민족이기 때문이다. 일본 국보 제1호인 사유반가상은 바로 백제가 전한 불상이다.

이처럼 일본과 모든 면에서 앞서고 있는 한국이 노벨 수상자 면에서는 '25대 1'이라는 초라한 성적표를 보이고 있다. 물론 여러 가지 원인이 있겠지만, 교육이 상당한 비중을 차지하고 있다. 현재 한국이 국제사회에서 차지하고 있는 비중으로 볼 때, 한국은 노벨 수상자가 일본과 비슷하거나 좀 더 많아야만 한다. 최소한 30명 정도의 노벨 수상자를 배출해야만 한다.

물론 노벨 수상자는 올림픽 메달 수상과는 다르기는 하다. 그러나 올림픽 메달 순위도 대부분 국력이 강한 순으로 나타나고 있다. 미국을 비롯하여 독일 및 러시아 등 국력이 강한 국가 순으로 메달 순위가 나온다. 그래서 올림픽 메달 순위는 노벨상 순위와도 거의 비슷한 양상을 보이고 있다. 한국 또한 경제대국으로 성장한 이래 올림픽 메달 순위도 세계 경제 브랜드 10위에 걸맞게 좋은 올림픽 메달 순위를 기록하고 있다.

그런데 경제대국임에도 불구하고 노벨 수상자가 전무하다는 것은 아이러니가 아닐 수 없다. 이것은 분명 한국이 인성을 비롯하여 학문적인 차원에서 문제가 심각하다는 것을 여실히 보여 주고 있다는 증거이다. 노벨상은 교육적인 면도 상당한 비중을 차지하고 있기 때문이다.

한국에서 입시제도가 실시될 때 학교를 다녔던 사람들은 이제 한 세기를 지나 100살을 훨씬 넘었다. 그리고 노벨상 수상이 시작된 역사는 이제 115년이 되었다. 여기서 당시에 교육을 받았던 사람들 중에서 노벨상을 받았거나 후보로 오른 사람들은 극소수다.

노벨상 후보로 오른 인물을 살펴보면, 먼저 화학 분야의 이태규 박사를 들 수 있다. 이 박사는 일본 경도제국대학에서 1931년 한국인 최초로 화학 분야에서 박사 학위를 받는다. 당시는 일제 강점기였던 터라 한국인에 대한 차별이 심했으나 미국으로 건너가서 프린스턴 대학에서 연구하였다. 그 후 그는 새로운 이론을 제시하여 노벨상 후보로 올랐다. 다시 미국의 유타대학에 머물다가 해방 후 한국에 귀국하여 연구를 계속하였으나 이태규 박사는 끝내 노벨상을 받지 못했다.

다음으로 우리에게 소설 『무궁화 꽃이 피었습니다』로 잘 알려진 핵물리학자 이휘소 박사를 들 수 있다. 이휘소 박사 역시 미국의 유명한 연구소인 페르미 연구소의 연구원으로 일하면서 노벨물리학상 후보로 거론되기는 하였다. 그러나 젊어서 교통사고로 사망하는 바람에 노벨상의 꿈은 좌절되고 말았다.

다음으로 우장춘 박사를 들 수 있다. 우장춘 박사는 한국인 아버지와 일본인 어머니 사이에서 출생했다. 일본 동경제대를 졸업하고 일본 연구소에 근무하면서 연구한 결과, 1936년 농학 박사 학위를 받았다. 씨 없는 수박을 발명하여 노벨상 수상의 후보로 오른 우 박사는 1950년 한국으로 귀국하여 죽을 때까지 연구를 계속하였으나, 그 역시 노벨상을 받지 못하고 말았다.

다음으로 노벨 문학상 후보자를 살펴보면, 김은국 작가를 들 수 있다. 김은국 작가는 이북 출신으로, 남하하여 목포에서 고등학교를 다녔다. 그리고 서울상대를 다니다가 미국으로 건너가서 미국 하버드 대학 문예창작과를 졸업하였다. 그 후 미국대학에서 강의를 하면서 한국전쟁을 바탕으로 한 소설『순교자』를 출간하였다. 『순교자』는 미국에서 6주 연속 베스트셀러 작품에 올랐다. 이후 그의 작품은 노벨상 후보작으로 올랐으나, 결국 노벨상을 받지 못하고 말았다.

그 외에도 한국에서 노벨문학상 후보로 김동리, 서정주, 김지하 등이 거론되었으나 그들 역시 불행하게도 노벨상을 받지 못하고 말았다. 현재 노벨상 후보로 가장 유망한 인물을 보면, 문학상에 고은 시인과 물리학상에 임지순 교수가 거론되고 있다. 고은 시인은 벌써 오래전부터 노벨 문학상 후보로 매년 거명되고 있다. 이처럼 한국인들이 노벨상 후보로 오르기는 했지만 불행하게도 노벨상을 받지는 못했다.

그렇다면 한국인들이 노벨상을 받지 못하는 원인은 어디에 있다고 보는가? 결국 초등학교부터 시작된 지나친 공부 과욕 때문이라고 할 수 있다. 화학상 후보인 이태규 박사와 물리학상 후보인 이휘소 박사 역시 한국 최고의 수재들이 모이는 경기고를 월반하여 조기 졸업한 수재 중의 수재다. 그러나 그들이 노벨상 문턱에서 좌절하는 이유는 바로 한국의 교육 풍토에 있다고 할 수 있다.

어릴 적부터 시작된 공부 과열 경쟁에서 스스로 자신도 모르게 암기식 공부를 병행하지 않을 수 없었다. 노벨상을 받는 두뇌는 대부분 한쪽으로만 머리를 발달시켜서 계속해서 그쪽으로 연구를 하여야만 한다. 그런데 일류 학교에 들어가기 위해서는 물리나 화학만 잘해서는 안 된다. 국어나 사회나 모든 과목에서 만점을 받아야만 한다. 따라서 국사나 국어를 비롯한 모든 분야에 만점을 받기 위해서는 머리를 평준화시키고 낮추어야만 한다. 이에 따라 원래 가지고 있던 천재성은 자연스럽게 둔화되거나 급기야는 소멸되고 만다.

앞에서도 설명한 것처럼 한국을 대표하는 중·고등학교는 경기라고 할 수 있다. 경기는 1900년 20세기가 시작되면서 일제 강점기 전에 이미 설립되어, 한국에서 가장 오랜 역사와 전통을 가지고 있다. 벌써 120년의 역사와 전통을 가진 명문으로, 매해 수많은 졸업생을 배출하고 있다.

'경기 3대 천재'로 불리는 인물을 보면 법학자이자 작가인 유진오 박사, 물리학자 정근모 박사, 화공학자인 이태섭 박사를 들 수 있다. 그런데 이들은 모두 노벨상을 수상하지 못했다.

우선 유진오 박사를 보면, 그는 일제강점기에 경기중학을 수석으로 입학하여 수석으로 졸업한다. 아직도 경기에서는 유진오 박사가 학교에서 낸 성적을 뛰어넘은 학생이 없다고 한다. 그만큼 유진오 박사는 경기가 낳은 천재였다. 그는 경기를 졸업한 후, 지금의 서울법대 전신인 경성제국대학 법대에 전체 수석으로 합격한다. 이 정도면 그가 얼마나 머리가 좋은 인물인지 알 수 있을 것이다.

그러나 그는 대학에서 법학 대신 문학을 하면서 소설가로 전향한다. 당시 경성제국대학에는 우리에게 『메밀꽃 필 무렵』으로 잘 알려진 이효석 작가가 있었다. 유진오 박사는 이효석과 함께 동반 작가로서 활동을 한다. 당시 그의 재능으로 노력을 한다면 아마 노벨 문학상은 틀림없이 받았을 것이다.

그러나 그는 얼마 후 학계와 관계와 정계를 거치면서 고려대 총장, 초대 법제처장, 신민당 당수 등을 거치면서 결국 노벨상과는 거리가 먼 인생을 살고 말았다. 결국 정치인으로 인생을 마무리하고 만 것이다. 그러나 한국의 험한 정치 풍토에 휩쓸리는 바람에 그는 자신의 정치적 꿈을 실현시키지 못하고 실패한 정치인으로 인생을 마무리하고 말았다.

다음으로 정근모 박사를 들 수 있다. 정근모 박사는 해방 이후에 학교에 다닌 인물이다. 그 역시 경기중학을 수석 합격하여 수석 졸업한다. 경기고 1학년 재학 중에 검정고시를 수석 합격하고 서울대 물리학과에 입학한 그는 그 후 미국으로 건너가 미시간 주립 대에서 박사 학위를 받는다. 정 박사가 왜 공학으로 유명한 M.I.T와 칼텍 등 명문대에서 박사 학위를 받지 않았는지는 의문이 간다.

박사 학위를 받을 당시 그의 나이는 24세였다. 당시 한국인으로서는 최연소 박사 학위 소유자였다. 미국에서 교수와 연구원을 거친 후 국내에 귀국하여 연구보다는 주로 과학 행정 쪽으로 기여를 하며 과학기술처 장관을 두 번이나 역임하였고, 대학에서 주로 행정 분야인 총장을 맡았다. 만일 그가 물리학 분야에 연구를 계속했더라면 틀림없이 노벨상을 수상하였을 것이다. 한국의 환경과 풍토가 결국 그를 성공한 과학자로 만들지 못하고 아까운 두뇌를 놓치고 말았다.

다음으로 경기고의 3대 천재로 불리는 이태섭 박사를 보자. 그는 경기도 화성 출신으로 경기중고를 수석 입학 졸업하였다. 그리고 당시 입학이 가장 힘들다는 서울공대 화공과를 수석 입학했다.

그리고 대학 졸업 후 미국의 M.I.T에서 2년 만에 박사 학위를 받았다. 세계에서 공학으로서는 가장 명문인 M.I.T에서 가장 짧은 시간에 박사를 받았다는 것은 그가 얼마나 뛰어난 두뇌의 소유자인지를 알 수 있다. 그가 대학원 재학 중에 만든 이론은 매우 유명하다. 만일 그가 계속해서 연구를 했더라면 인류에 기여하는 큰 이론을 만들어 틀림없이 노벨상을 받았을 것이다.

이태섭은 귀국하면서 바로 대기업 기업인으로서의 삶을 출발한다. 젊은 나이에 대기업 사장 등을 거치고 얼마 후 박정희 정권에 의해서 정계로 빠져서 국회의원을 했다. 그리고는 연구와는 거리가 먼 인물이 되고 말았다. 그러나 그는 한국의 험한 정치 풍토에서 유진오 박사와 같이 정치적으로 구속 수감 생활을 하는 등 실패한 인생을 마치고 말았다. 지금도 아까운 인재구나 하는 생각이 든다.

지금까지 살펴본 바와 같이, 경기 3대 천재들이 가지고 있는 공통점은 바로 자신의 분야에서 두각을 드러내지 못하도록 만든 한국의 연구 풍토에 있다. 그들이 가는 곳은 주로 정치계다. 결국은 어느 정도 이름을 내면 정치계로 흡수되어 버린다. 이처럼 한국에서는 정치가 학문에 엄청난 영향력을 행사하고 있다.

제3공화국인 박정희 정권이 들어서면서 국가 정책의 목표는 농업국에서 공업국으로 만드는 것이었다. 그 결과 교육에서 가장 중요한 것은 공대의 엔지니어와 상대의 경제 전문가였다. 1965년도 서울대 합격 점수를 보면 그 당시 학생들의 선호도를 알 수 있다.

우선 서울공대 화공과는 400점 만점에 336점이었다. 나머지 서울공대 학과들도 300점대를 넘었다. 서울공대 화공과를 필두로 전자과, 기계과, 섬유과, 건축과 등은 서울대 다른 학과에 가면 모두가 해당 학과의 수석 입학 점수였다. 이처럼 1960년대 초 조국근대화 정책에 힘입어 공대 위주로 대학이 운영되었다. 문과에서는 서울대 상대가 가장 높은 334점으로 서울법대의 330점보다 훨씬 높았다. 상대 경제학과에 합격할 점수면 서울대 다른 학과의 수석 점수에 해당된다.

이처럼 공대와 상대가 가장 선망의 대상이었다. 서울공대 화공과는 전국에서 20등 내에 들어야만 입학이 가능했고, 서울상대 경제학과 역시 전국에서 랭킹에 들어야만 했다. 그런데 문제는 노벨상을 받을 만한 진짜 우수한 인재는 자연계의 물리학과나 화학과에 가야만 한다. 그러나 당시 정부의 분위기에 따라 많은 학생들이 자연계인 물리학과나 화학과는 기피하였고, 공대를 가기에는 점수가 모자라는 학생들이 물리학과나 화학과를 택하였다. 결국 정부의 정책으로 인해서 한국은 노벨상 수상자를 배출하지 못한 것이다.

03

한국 학교의 우등생은
왜 사회의 우등생이
못 되는가

2002년 노벨 수상자가 발표되자, 일본의 전 언론은 일제히 물리학상 수상자인 고시바 마사토에 대해서 대서특필하였다. 그 이유는 바로 수상자의 학창 시절의 성적표 때문이었다. 언론은 일제히 물리를 제외하고는 전부 낙제점인 고시바 마사토의 성적표를 보도하였다. 그렇다면 일본 사회는 왜 고시바 마사토의 학창시절의 성적에 대해서 흥분할까? 그 이유는 바로 '학교의 우등생은 사회의 우등생이 아니다'라는 일본인들이 가지고 있는 통념을 입증하였기 때문이다.

현재 한국에서는 노벨상 수상자가 나타나지 않고 있다. 일본이 1949년에 첫 노벨 물리학상 수상자를 배출한 것을 보면, 약 70년 가까이 일본에 뒤진다고 할 수 있다. 한국이 일본에 비해 노벨 수상자가 나오지 못하는 원인은 무엇일까? 그것은 앞에서 본 바와 같이 한국 사회의 교육제도나 정치 이외에도 바로 한국인들의 교육 방법이 가장 큰 문제라고 규정할 수 있다.

한국은 학교의 우등생이 곧 사회의 우등생이라는 사고를 가지고 있다. 한국에서는 유치원 때부터 경쟁을 시킨다. 초등학교에 들어가면서부터는 일등을 하기 위해서 노력한다. 이렇게 시작된 한국인들의 자녀 교육 방법은 무조건 혼자만 백점을 맞아야만 한다는 사고를 갖게 한다. 다시 말하면, 엘리트가 되고자 한다.

그러나 노벨상 수상을 비롯하여 성공하는 사람들은 엘리트가 아닌 리더가 되는 사고를 가지고 있다. 리더와 엘리트의 차이는 무엇인가. 엘리트는 사회에서 혼자만의 성공을 추구해 나가는 사람을 말한다. 반면 리더는 조직과 모든 면에서 함께 성공을 추구해 나가는 사람을 일컫는다. 한국인들이 가지고 있는 개인적인 능력은 세계에서 최고로 평가되고 있으나 단결력에 있어서는 한국인들의 결속력이 매우 약하다는 역사적인 사실이 이 같은 사실을 잘 증명한다.

특히 외국에 나가 보면 더욱더 잘 알 수 있다. 미국의 한인사회를 보면 다른 나라 사람들에 비해서 교회가 너무 많다. 단결력이 약하기 때문이다. 또한 한국에서 자란 아이들이 더욱더 공격적이다.

노벨상 수상자를 가장 많이 배출하는 유태인의 경우, 단결력이 매우 강하다. 그들은 비록 외국에 있더라도 항상 조국인 이스라엘을 생각한다. 애국심과 자신에 대한 정체성이 매우 강하다.

일제강점기 하에서 한국의 독립을 위해서 많은 독립운동 단체가 조직되었다. 독립운동가들은 주로 중국과 만주에서 활동하였다. 그런데 한국인 독립운동 조직들 간에 서로 단합이 되지 않아, 서로가 서로를 일본 정부에 고발하여 발각되는 경우가 가장 많았다.

이토 히로부미를 암살한 안중근이 만일 독립 기관 단체에 가입해서 이등박문 암살을 시도했더라면 그가 계획한 암살 사건은 실패로 끝이 났을 가능성이 크다. 그 이유는 암살 사건이 다른 한국 독립 조직에서 사전에 일본 정보기관에 누설시킬 가능성이 매우 크기 때문이다. 사실상 안중근 이전에 많은 독립운동 사건들이 한국인 독립운동 단체에 의해서 정보가 누설되면서 실패로 돌아갔다. 안중근 의사는 이 사실을 알고서 독립운동가 단체에 가입하지 않고 혼자서 이토 히로부미 암살을 계획하여 성공시킬 수 있었다. 이렇게 한국인들의 단결력이 약한 원인은 노벨상 수상과도 직결되고 있다.

노벨상은 인류를 위해서 기여한 공로가 우선적으로 중요하기 때문에 리더십을 갖추고 있어야만 한다. 일본인들은 자신보다는 국가나 조직 등 집단을 우선시하는 사고를 가지고 있다. 이에 반해 한국인들과 중국인들은 집단보다는 가족과 자신을 우선시한다. 이것이 사회 전반이 미치는 영향은 엄청나다.

중국이 전 세계 인구의 4분의 1인 약 14억 인구를 가지고 있으면서도 노벨상 수상자가 인구에 비례해서 아주 적은 이유가 국가보다는 자신과 가족을 중시하는 사고 때문이다. 중국인들의 속담에 "자신의 집 앞의 눈은 쓸어도 옆집 기와 장 서리는 쳐다보지도 말라."는 말이 있다. 이처럼 남이야 죽든 말든 혼자만 살아남으려는 중국인들의 뿌리 깊은 사고가 바로 노벨상 수상자가 거의 없는 원인 중의 하나다.

조직과 사회에서 성공하기 위해서는 엘리트가 되는 것이 아니라 리더가 되는 교육을 시켜야만 한다. 공동체 생활에서 남을 위해서 일하는 희생정신을 길러야만 한다. 한국에서 자라서 미국에 이민 온 가정의 아이들과 미국에서 태어난 아이들을 비교해 보면, 한국에서 자라서 미국으로 이민 온 아이들이 미국에서 태어나 교육받은 아이들보다 훨씬 더 공격적이다. 그리고 남에게 한 치의 양보도 하지 않으려고 한다. 이것은 바로 한국식 교육 방법 때문이다.

이러한 어릴 적 교육적 사고는 사회생활을 하는데 직접적으로 연결되는데, 노조를 보면 알 수 있다. 일본의 경우는 노조가 약하다. 회사의 주인인 사주를 자신을 먹여 살리는 부모와 같이 생각하기 때문이다. 따라서 돈과 출세를 위해서보다는 조직의 성공을 위해서 자신을 희생한다. IMF 이후에 외국의 다국적 기업들이 한국에 투자하는 것을 꺼려했다. 그 이유는 한국의 강한 노조 때문에 한국 회사를 인수 합병하는 것을 두려워했기 때문이다.

한국의 고질적인 교육 풍토는 엘리트 위주의 교육 방식에 있다. 리더십보다는 엘리트 교육을 중시 여기는 사회 풍토는 남과 조직은 죽든 말든 자신만 잘되면 된다는 사고방식으로, 혼자만의 성공을 위해 달려 나가게 만든다. 그렇게 때문에 남과의 관계에서 감정이 매우 앞선 나머지, 남이 자신을 어떻게 보는가부터 생각한다.

자신이 먼저 상석에 앉으려는 사고가 엘리트 교육이라면, 남부터 상석에 앉히려는 사고가 리더십 교육이다. 남을 먼저 상석에 앉히려는 사고는 결국 자신도 상석에 앉게 한다. 그러나 자신이 먼저 상석에 앉겠다는 사고는 남의 방해로 인해서 자신은 상석에 앉지 못하게 된다. 그리고 비록 자신이 남을 누르고 상석에 먼저 앉았다고 하더라도 남이 자신을 상석에서 끌어내리려고 하기 때문에 바늘방석에 앉은 것과 같이 된다.

노벨상을 가장 많이 수상하는 미국은 리더십 교육을 바탕으로 한다. 한국과 같이 혼자만 일등을 하겠다는 엘리트식 교육은 자신도 망하게 한다. 동시에 사회와 조직 모두가 파멸과 실패로 돌아가게 된다.

개인주의 사고를 바탕으로 하고 있는 미국은 공과 사가 분명하다. 미국인들은 가족과의 관계에서도 개인주의적 사고를 가지고 있기 때문에 고등학교 때부터 부모로부터 독립하려고 하며, 가능하면 학교 기숙사를 이용하려고 한다. 따라서 부모를 비롯하여 남과의 관계에서 수평적 관계를 바탕으로 한다.

또 미국인들은 형제가 모이기만 하면 싸운다. 미국에서 가장 큰 명절은 추수감사절과 크리스마스인데, 추수감사절에는 형제들이 함께 모인다. 그런데 처음에는 즐겁게 놀다가 집에 갈 때는 다시는 안 볼 것 같이 원수로 변해서 돌아간다. 이것은 바로 미국인들이 가지고 있는 개인주의적 사고 때문이다.

직장을 비롯하여 조직에서도 상하관계가 아닌 대등한 인간관계를 바탕으로 한 수평적 관계를 유지하려고 한다. 그래서 미국인들의 가정 및 학교 교육은 철저한 팀워크 중심의 사고를 갖도록 하는 교육을 바탕으로 이루어진다. 한국과 같이 혼자만의 성공을 향해서 달리겠다는 엘리트 교육이 아닌, 조직과 집단의 성공을 향해서 달려 나가는 리더십 교육을 바탕으로 한다. 이러한 리더십 사고는 현재 미국이 노벨상을 휩쓸어 버리는 원동력을 제공하고 있다.

미국인들은 팀워크 정신과 페어플레이 정신을 바탕으로 자녀들을 교육한다. 이것이 바로 미국인들이 자랑하는 '프런티어 정신'인 것이다. 프런티어 정신은 엘리트주의가 아닌 리더십 정신이다.

미국인들은 팀워크 정신만 있으면 동료 4인만 있으면 거대한 로키산맥도 움직일 수 있다는 사고를 가지고 있다. 이러한 사고방식으로 인해 미국인들은 전쟁 중에 부상한 동료를 끝까지 버리지 않고 끌고 간다. 또한 영화 〈라이언 일병 구하기〉에서처럼 전쟁 중에 포로가 된 동료 한 명을 구하기 위해 미국 대통령을 비롯하여 전 미국인들이 나서며, 구조된 사람은 영웅 대접을 받는다. 이것이 바로 미국인들이 가지고 있는 팀워크 정신이다.

미국인들은 이러한 정신을 자식들에게 자연스레 교육하기 위해 주말에는 아무리 바빠도 운동경기장에 아이들을 데리고 간다. 미국인들 사이에서 가장 인기 있는 운동 경기는 야구와 미식축구다. 야구가 미식축구보다 인기가 있는 국민 경기로 칭송받는 이유는 야구는 팀워크 정신과 개인 실력 양쪽 모두를 필요로 하며, 페어플레이 정신을 바탕으로 하기 때문이다.

미식축구 역시 팀워크 정신을 필요로 하는 경기다. 미식축구는 미국 개척기에 미국인과 인디언과의 땅따먹기를 하는 경기로, 미국만이 가지고 있는 축구다. 우리나라나 유럽에서 하는 축구는 미국에서는 인기가 없다. 한쪽 팀이 4번의 기회를 가지며, 작전에 의해서 골까지 끌고 가는 경기이기 때문에 완전히 팀워크 정신을 바탕으로 한다.

미국인들은 한국과 달리 중·고등학교 시절 공부만 잘하는 학생을 '널즈' 또는 '치킨'이라고 놀린다. 그리고 항상 페어플레이 정신을 높이 산다. 이것은 학교에서 중간고사나 기말 고사 등에서 잘 보여 준다. 학교 시험에 절대로 부정행위를 하지 않는다. 만일 부정행위를 하다가 적발되는 경우에는 엄청난 처벌을 받기 때문이다. 미국인들은 어릴 적부터 시험에서의 부정행위는 페어플레이 정신이 아니라는 것이 습관화되어 있다.

　반면 한국을 비롯한 중국이나 대만 및 중동국가에서 유학 온 학생들은 커닝하는 것을 당연시 여긴다. 이러한 커닝정신이 바로 혼자만 백점을 얻으려는 엘리트 사고에서 나온 것이다. 혼자만의 성공을 향해서 달려 나가겠다는 사고인 것이다. 이러한 엘리트주의 사고와 교육은 학교의 우등생이 사회의 우등생이 되지 못하는 가장 중요한 원인으로 작용하고 있다.

04
한국 학교의 우등생이
사회의 소인배가 되는 이유

한국에서 노벨상 수상자가 나오지 못하는 이유는 천재를 바보로 만드는 교육 때문이다. 그중에서도 크게 작용하는 요소는 앞에서 말했듯 한국식 교육은 혼자만의 성공을 위해서 달려 나가기 때문이다. 즉, 대부분의 부모들은 자식을 엘리트 코스를 밟기를 원하기 때문이다. 비록 경제적으로 힘들더라도 좋은 유치원부터 시작해서 좋은 중·고등학교와 대학에 보내고 싶어 한다.

물론 부모가 자식을 좋은 학교에 보내고 싶어 하는 마음은 교육 선진국인 미국이나 유럽 국가에서도 마찬가지이다. 그러나 미국에서는 한국과는 달리 리더십을 우선시하는 엘리트 교육을 시키고 있다.

한국은 과거 중학교부터 입시제도로 인해 전국적으로 순위가 정해져 있었다. 미국은 대학도 우리나라에서 말하는 것 같은 순위가 없다. 예를 들면, 하버드 대학은 우리나라에서 항상 하버드라고 외치지만 그렇지 않다. 아주 우수한 학생들도 그 동네에 있는 등

록금이 싼 대학으로 많이 진학한다. 우리나라에서는 도저히 상상도 할 수 없는 일이다.

마찬가지로 미국인들은 한국에서 지방 학생들이 많은 돈을 들여서 서울이나 수도권 대학으로 몰려드는 것을 상상도 못할 것이다. 미국 학교의 학생들은 학교 이름보다는 학교에서 운영하는 교육 프로그램을 더욱더 중요시 여긴다. 우리가 알지 못하는 지방의 작은 사립학교도 알차고 좋은 교육 프로그램을 가지고 있다. 이러한 실속보다는 이름과 허식을 중요시 여기는 교육이 바로 한국식 엘리트 교육이다.

공동으로 같이 나아가는 리더십 교육이 아닌 혼자만의 성공가도를 달리겠다는 엘리트 사고는 노벨상을 비롯한 상을 수상하는 데 있어 한계에 부딪친다. 노벨상은 학문을 비롯하여 탁월한 업적을 필요로 하지만, 그것보다 더욱더 중요한 것은 인류에 대한 공헌도이다. 그가 이룩한 업적이 인류의 행복에 얼마만큼 기여하였는가를 기준으로 노벨상을 수여하기 때문이다.

수년전에 황 모 교수는 줄기세포 문제로 전 세계를 떠들썩하게 만들었다. 황 교수는 복제기술 분야에 세계적인 기술을 보유하고 있었다. 그가 좀 더 노력을 하였더라면 황 박사는 아마 노벨상을 받았을 것이다. 황 박사가 사회적으로 매장된 사건은 단계적으로 밟아서 연구하지 않고 너무 앞선 사고를 가진 나머지 결국은 논문 조작 사건에 연루되었다는 것이다. 이것이 바로 한국인들이 노벨상을 받지 못하는 엘리트 영웅심리를 유발하는 교육 때문이다.

한국식의 나 홀로 성공을 향한 교육은 결국 자녀를 사회에서 소인배로 만들어 버린다. 소인배는 모든 것을 자기중심적으로 생각하도록 하는 인간성을 말한다. 조직이나 회사에서도 자신의 희생은 절대로 감수하려고 하지 않는다.

노벨상을 두 번이나 받은 퀴리 부인은 라듐에 손을 담그는 바람에 평생 못 고치는 화상을 입었다. 그러나 결국 라듐의 발견은 인류의 건강에 지대한 기여를 하였다. 만일 퀴리 부인이 이기적인 소인배 사고를 가졌더라면 위험한 라듐을 만지는 모험을 피했을 것이다.

줄기세포 발명으로 노벨상 후보라고 예상했던 황 모 박사가 대인배적 사고를 바탕으로 했더라면, 그는 논문 조작 사건에 휘말리지 않았을 것이다. 황 박사는 언론에 너무 자주 등장하였으며, 이것을 돈과 관련하여 주식에 상장하려는 사고를 가졌다. 이것이 바로 소인배적 사고인 것이다. 우선 대인배적 사고로 연구에만 충실하였더라면 황 박사는 벌써 노벨상을 수상하였을 것이다. 그러면 명예와 부는 자동적으로 따르게 마련이다.

이처럼 한국에서 학교의 우등생들이 사회에서 우등생이 되지 못하는 원인은 소인배로 만드는 엘리트 교육 때문이다. 체격이 작다고 해서 소인배라는 말이 아니다. 생각의 사고가 작다는 것을 말한다. 그릇으로 말하자면, 큰 그릇이 되지 못하고 작은 간장종지에 불과하다는 사고다. 간장종지에는 간장을 많이 부으면 간장이 넘쳐 버린다.

노벨상 수상을 위해서는 대인배 성향의 인품을 가진 학문적 사고가 필요하다. 대인배는 자신을 생각해야 할 때 한 걸음 물러나서 타인을 생각하고 타인을 생각해야 할 때 자신을 돌아보는 성품을 말한다. 소인배가 숲은 생각하지 않고 나무만을 생각할 때, 대인배는 숲과 나무를 동시에 본다.

다시 말하면, 노벨상과 같이 위대한 상은 인품이 훌륭하지 못하면 결코 받을 수 없다. 대인배는 숲과 나무, 즉 소인배들이 가지고 있는 단기적인 안목과 장기적인 안목을 동시에 가지고 있다. 남을 도울 때는 솔선수범해서 도운다. 이러한 대인배적 카리스마적 성품은 리더십을 바탕으로 하는 교육에서 나온다. 단순한 엘리트식 교육 방법은 소인배적 사고를 바탕으로 하기 때문에 노벨상 수상에 있어 절대적으로 불리하다.

05

모험 정신이 부족한
한국식 엘리트 교육

노벨상을 가장 많이 배출하는 미국은 유럽인들과는 다른 사고를 가지고 있다. 한국식 엘리트 교육 방식은 대부분 학교의 우등생들에게 모험을 싫어하는 성향을 심어 준다. 학교의 우등생들은 대부분 사회에 나와서 평범하게 안정된 직장을 잡고, 아무런 무리 없이 기복이 없는 생활을 한다. 다시 말하면 도전 정신이 없는 생활을 한다.

미국이 짧은 역사임에도 불구하고 세계 패권국으로서 전 세계 노벨상을 휩쓰는 원인은 그들의 도전 정신에 있다고 할 수 있다. 물리학을 비롯하여 평화상까지도 미국이 압도적으로 많이 받는 원인은 그들이 학문을 비롯하여 모든 분야에서 불굴의 노력을 기울이는 도전 정신을 가지고 있기 때문이다.

이러한 미국식 도전 정신은 미국이 개척기를 겪으면서 미국만이 만들어 낸 사고이다. 미국인들은 유럽의 수도사 문화를 헌신짝 버리듯이 버렸다. 그리고 하느님이 가장 사랑하는 천사 라파엘의 말을 믿고서 유럽 전체 크기만 한 아메리카 대륙을 개척해 냈다. 이 과정에서 그들이 만들어 낸 정신이 바로 프런티어 정신인 것이다.

전구를 발명한 에디슨은 전구 안에 있는 필라멘트를 만드는 데 실패하였다. 고온에 견딜 수 있어야만 했고, 결국 수십 번의 실패 끝에 드디어 성공을 거두었다. 비행기를 만든 라이트 형제, 북극 최초 탐험가 피어리 등 도전과 용기를 필요로 하는 경우에 많은 미국인들이 참여하였다. 바로 개척기를 통해서 만들어진 미국인들의 도전 정신 때문이다.

한국식 교육에서 필요한 것은 매사에 도전하는 용기다.

06

실패한 삼위일체식
영어 교육 방법과
허식의 영어 교육

지금은 글로벌 시대로, 국경과 국적이 사라진 시대다. 많은 외국인들이 한국에 거주하고 있는 가운데, 미국을 비롯한 서양 국가 및 동남아 사람들은 한국말을 금방 배운다. 그들은 불과 2년 정도만 되면 한국말을 아주 잘한다. 반면 미국에 거주하는 한국인들의 상당수가 영어 때문에 미국 사회에 파고들지 못하고 있다. 심지어는 미국에 이민 와서 10년 이상 된 사람들도 미국 방송을 잘 이해하지 못하고 있는 실정이다.

그 이유는 무엇인가. 바로 영어 교육 방법 때문이다. 고등학교 교과서에 당시 양주동 박사가 자신이 영어를 공부한 방법을 학생들에게 가르쳐 준 것이 생각난다. 삼인칭 단수란 말이 무엇인지를 이해하지 못한 양 박사는 30리 길을 걸어서 영어를 잘하는 사람을 찾아갔다. 그리고 그분에게 삼인칭 단수가 무엇인지 묻자, 그 사람은 삼인칭 단수란 너와 나를 제외한 우수마발을 포함한 모든 것이라고 했다. 이것이 바로 한국에서 시작된 영어 공부 방식이다.

영어를 예로 드는 이유가 과거 한국의 영어 교육 방식이 틀렸기 때문에 그 후배들이 아직도 영어를 잘 못하는 국민으로 남게 되었다는 것을 얘기하기 위해서다. 교육도 마찬가지다. 과거의 그릇된 교육 방법 때문에 현재 한국에서 노벨 수상자가 나오지 않고 있다는 것을 설명하기 위해서 영어 교육법을 예로 들고자 한다.

과거 한국 학교에서 실시한 영어 교육 방법은 삼위일체의 영어 교육법을 중심으로 하였다. 지금 나이가 60대 이상인 분들은 모두가 다 송성문의『정통종합영어』라는 공통적인 영어 기본서를 가지고 공부했다. 그리고 70대 이상은 안현필 저『삼위일체』라는 영어 교재를 가지고 공부했다.『정통종합영어』나『삼위일체』는 모두 영문법 위주의 교재였다.

한국에서 중·고등학교에서 영어를 6년간 공부하고 그다음에 대학에서 4년간 더 죽어라 영어를 공부한 사람들의 결과가 어떠했는가? 영문법은 시험을 치면 세계에서 최고 득점자가 한국인들이다. 영어 문장의 주어, 동사, 목적어, 보어 등을 금방 구별하고 문법 실력은 미국인들보다 더 정확하게 맞힌다.

그러나 진짜 중요한 건 문법 실력이 아니다. 미국인들과 대화를 비롯하여 실생활에 사용하여야만 한다. 그러나 정작 미국인과 만나면 그들과 의사소통이 불가능하다. 일단 미국인들이 무슨 말을 하는지 알아듣지를 못한다. 말을 알아듣지 못하니, 자연스레 말을 한마디도 못하고 벙어리가 된다. 고등학교와 대학에서 10여 년간 불철주야 공부한 것은 결국 물거품이 되어 버린다.

반면 영어와는 거리가 멀고 학교 교육도 제대로 받지 않은 동두천에서 하우스 보이나 양공주로 일했던 사람들이 미국에 이민 와서는 금방 영어를 배우고 영어를 잘한다. 십수 년간 영어 공부를 죽어라하고 유학 준비 영어까지 한 사람들보다 의사소통에 있어서 훨씬 영어를 잘한다. 그 이유는 무엇인가.

지금 한국에 이민 온 외국인들이 빨리 말을 배우는 이유가 바로 양공주들이 배우는 언어 방법을 택하고 있기 때문이다. 한국에 이민 온 외국인들은 한국어의 문법을 모른 채 바로 말부터 배운다.

미국 대학에서 학생들을 가르치는 한국 교수들의 이야기를 들으면, 미국의 좋은 대학들의 상당수의 학생들이 영어의 수동태가 무엇인지를 잘 모른다고 한다. 수동태는 동사원형에 '-ed'를 붙이는 형태라는 것을 모르고 있다는 것이다. 한국에서는 중학교 1학년 때 영어 시간에 수동태부터 배운다. 미국의 대학생이 수동태를 모른다는 것은 큰 충격이 아닐 수 없다. 바로 학교에서 영어 가르치는 교육 방법의 차이 때문이다.

'영어' 하면 문법부터 해서 문법으로 끝난다는 사고방식 때문에 말하기도 영어 문법에 맞추어서 미국인들과 대화하려고 든다. 그 결과, 문법에 맞추어서 말하려다 결국 더듬거린다. 우선 문법을 생각하고 나서 다음에 문법에 맞추어서 말을 하려다 보니 결국은 더듬거리고 말이 나오지 않는다. 말은 습관화되어야만 한다는 진리에서 벗어난 잘못된 영어 교육 방법의 결과다.

반면 학교에서 정식 영어 교육을 받지 못한 동두천 하우스 보이나 양공주들은 문법을 모르기 때문에 그대로 따라서 하는 언어가 습관화된다. 인간은 세상에 태어나서부터 말을 배운다. 말을 문법에 맞추어서 배우는 것이 아니라, 말하는 사람을 모방하여 말을 배운다.

문법은 단지 나중에 좀 더 매끄럽게 말을 하기 위한 수단에 불과하다. 문법은 말이 어떻게 구성되어 있는가 하는 방법론에 불과하다. 따라서 한국에서 가르치는 영어 교육 방법은 수십 년간 시간만 낭비하는 결과를 초래하였다.

한국은 이러한 실패한 영어 교육법을 바꾸기 시작하였다. 영어를 삼위일체의 문법 위주의 교육에서 실용주의식인 말하기 등을 중심으로 영어 교육법을 바꾼 것이다. 그 결과, 이제 한국에서는 영어를 제대로 하는 사람들이 늘어났다. 이처럼 영어 교육 방법에서 학교 교육 방법이 얼마나 중요한지를 알 수 있다.

07

한국식 교육법
집중 탐색

영어 교육 방법이 기존의 삼위일체식 문법 위주에서 말하기식 실용영어 방식으로 바뀌면서 한국인들의 영어 실력은 엄청나게 향상되었다. 그러면 한국에서 시행하는 교육 방법은 어떠한가.

한국에서는 과거의 과거시험제도 방식을 택하고 있다. 고려 광종 때 중국 송나라 학자인 쌍기의 말을 듣고서 시작된 과거제도는 인재를 공평하게 등용하기 위해서 치른 시험을 말한다. 과거시험 과목은 공자의 『논어』를 비롯하여 『대학』, 『중용』 등의 책을 중심으로 한 과목들이 전부다. 따라서 이때부터 가만히 앉아서 하는 암기 위주의 공부가 주류를 이루었다.

조선시대에는 문무양반제도가 본격적으로 시작되면서 과거를 통해서 공직자를 뽑았다. 지금의 학교에 해당하는 서당에서 가르치는 공부 방법은 완전 암기식이었다. 어느 집이고 아이들이 '하늘 천, 따 지' 하면서 책을 읽고서 암기하는 소리가 집 울타리 밖으로 울려 퍼졌다.

현대에 들어오면서 한국의 교육 방법은 선생님이 주체가 되고 학생은 그냥 선생이 가르치는 내용을 외워서 답습하는 암기 위주의 공부가 전부였다. 과거에는 중학교부터 시험을 봐서 들어갔다. 중학교만 잘 들어가면 좋은 대학에 들어갈 수 있다는 생각에 세칭 '일류 중학'에 입학시키려는 부모들의 교육열은 대단했고, 소위 말하는 치맛바람의 강도에 따라서 세칭 일류 중학교에 자녀를 집어넣었다.

고등학교와 대학 입시는 약간 달랐다. 그러나 같은 방법의 입시 제도였다. 그 결과 어린 학생들은 좋은 학교에 들어가기 위해서 엄청난 노력을 하였다. 당시 시험 과목 역시 암기식 위주의 공부였다. 일류 고등학교와 일류 대학에 들어가기 위해서 부모와 학생들은 엄청난 노력을 기울였다.

중학교부터 시작된 입시 지옥 속에 한국인들은 어릴 적부터 동급생끼리 치열한 경쟁을 하며 부모들의 성화에 못 이겨 공부를 했다. 그런데 문제는 이렇게 암기식 공부만 하고 부모들이 치열하게 공부만 시키다 보니 암기력은 뛰어나지만 결국 모든 것을 이해하지 않고 무조건 외우겠다는 사고를 가지게 되었다. 그 결과 가장 중요한 이해력이 떨어지게 된다.

동시에 너무 어릴 적부터 시작된 공부 경쟁에 지친 나머지, 공부에 싫증을 느끼기 시작하여 진짜 공부가 시작되는 대학교에 가서는 공부를 포기해 버린다. 다행히 한국은 1970년대부터 중학교 무시험제도가 도입되고 동시에 고등학교도 무시험제도가 실시되면서 학생들이 입시지옥에서 해방될 수 있었다.

그러면 1950년대와 1960년대 세칭 일류 중·고등학교를 졸업한 사람들은 사회에 나와서 큰 인물로 성장하였는가? 당시에는 경기고가 가장 대표적인 일류 학교라고 할 수 있다. 그런데 경기고 출신들은 다른 학교들보다 그리 나은 것이 없는 평범한 사람들에 불과하였다. 다른 학교와 비교하여 약간의 전문직들이 좀 더 많을 뿐, 그 이외에는 아무런 차이가 없었다.

그렇다면 당시에 실시된 대학 입학 수능시험에서 전국 수석을 차지한 사람들은 어떻게 되었을까? 초기에는 1969년도부터 시작된 대입수능시험은 처음에는 대학입학자격시험이었다. 이 시험을 통과하여야만 대학 시험을 치를 수 있어 '예비고사'라고 불렀다. 이것이 나중에 대입수능시험으로 명칭을 변경했다. 대입수능에 첫해에는 수석 합격자의 명단을 공개하지 않았으나, 그다음 해인 1970년부터 수석 합격자 명단이 공개되었다.

1970년 수석 합격자는 경기고의 임지순 군이었다. 임지순 군은 곧이어 치러진 서울대 본고사에도 수석 합격을 하였다. 초등학교부터 입시 명문인 덕수초등학교와 경기중고를 수석 입학하고 수석 졸업한 수재였다. 이 정도면 공부 면에서는 과연 희대의 천재라고 할 수 있다.

임지순군은 그 후 서울대 물리학과를 졸업하고 미국 캘리포니아 주립 버클리대에서 박사 학위를 받고서 서울대 물리학과 교수와 석좌교수를 하고 정년 했다. 그 후 포항공대 석좌교수로 옮겨서 연구를 계속하고 있다. 임지순 교수는 현재 한국에서 노벨 물리학상을 받을 수 있는 제1순위에 올라 있다. 그는 뛰어난 두뇌로 평생을 연구만 하였다. 만일 다른 나라에서 태어났더라면 벌써 노벨상을 수상하였을 것이다. 그러나 운이 안 따르는지 아직까지 노벨상을 수상하지 못하고 있다.

다음으로 1971년도 수능시험 수석 합격자는 오세정 군이다. 오세정 군 역시 서울대 물리학과를 졸업하고 미국 스탠퍼드대에서 박사 학위를 받고 서울대 교수를 평생 했다. 그러나 문제는 그가 연구실에서 연구만 한 것이 아니라 각종 학교의 보직을 맡으면서 사회적인 일을 많이 하였다는 것이다.

그것이 인연이 되어서 오세정 교수는 정년을 앞두고 정치계에 입문하였다. 이것은 한국이 노벨 수상자를 배출하지 못하는 가장 큰 이유다. 오세정 교수 역시 선배인 임지순 교수와 같이 노벨상을 목표로 해서 연구실에만 있었어야만 했다. 그랬더라면 노벨상을 틀림없이 받았거나 그 근처에 가장 근접해 있었을 것이다.

1972년부터 1980년까지 예비고사 수석 합격자들의 근황을 살펴보면, 1972년도는 서울대 전자공학과의 한태숙 군으로 현재 카이스트 교수로 있다. 1973년도는 서울대 법학과의 허익렬 군으로 김&장 변호사로 근무하고 있으며, 1974년도는 서울대 경제학과의 오내원 군으로 현재 농촌경제연구원의 연구원으로 일하고 있다. 1975년도는 서울대 국사학과의 송기호 군으로 현재 서울대 박물관장으로 일하고 있다.

그리고 1976년도는 서울대 불문학과 임희권 군으로 현재 출판사 대표로 있으며, 1977년도는 서울대 의대의 신상훈 군으로 의사로 있다. 1978년도는 서울대 전자공학과의 박석원 군으로 현재 LG전자의 부사장으로 있고, 1979년도는 서울대 물리학과의 차국린 군으로 현재 서울대 물리학과 교수로 있다. 또한 1980년도는 법학과의 김기영 군으로 현재 변호사로 일하고 있으며, 같은 년도 법학과의 오관석 군은 김&장 법률사무소에서 일하고 있다.

앞에서 살펴본 바와 같이, 한국에서 학교의 우등생이 사회의 우등생이 아니라는 것을 알 수 있다. 동시에 한국에서 노벨 수상자가 나오지 못하는 이유도 알 수 있다. 1969년 이후부터 현재까지 수능 수석 합격자들은 기초과학인 물리학과 화학 및 생화학 등 기초학문 분야로 진출한 것이 아니다. 대부분 공대의 전자과를 비롯하여 의예과 등 응용과학에 몰렸다. 동시에 문과에서는 경제학과보다는 법과 대학으로 몰리는 현상이 두드러졌다.

이것은 무엇을 의미하는가? 미국을 비롯하여 노벨 수상자를 많이 배출하는 국가의 공통점은 자신이 좋아하는 분야로 진출하여 평생 동안 죽이 되든 밥이 되든 그쪽으로만 연구한다는 것이다.

물론 미국에서도 응용과학을 선호하는 경향이 있기는 하다. 미국은 돈과 연계해서 생각하기 때문이다. 가령 경제학의 경우 순수하게 학교에 남아서 연구만 하는 사람보다 월스트리트의 월가에 나가서 주식투자가와 분석가로서 활동하는 사람들을 더욱더 선호하는 경향이 있다.

그러나 미국 역시 자신이 좋아하는 직업에 평생을 몸담고 그것만 연구하는 학자들이 많다. 가령 고고학의 경우, 돈과는 거리가 멀지만 우수한 인재도 평생 그 분야에 빠져서 그것만 연구하여 큰

엘리트로 키우는 엄마 리더로 만드는 아빠

업적을 남긴다. 만약 노벨 수상을 현재의 분야 이외의 분야까지 확대해서 수여한다면, 이것 역시 미국이나 유럽 국가가 현재와 비슷한 비율로 수여받을 것이다.

계속해서 1980년도 이후의 수능 전국 수석들의 그 후의 동향을 알아보았다. 그런데 대부분 이과에서는 공대와 의대를, 문과에서는 법대를 지원하였다. 졸업 후에 이과는 대부분 교수나 연구원으로, 문과는 판사를 하고 있다. 그러나 그들은 사회에서 크게 두각을 드러내지 못하고 있다. 수능 전국 수석이 아닌 우수한 두뇌를 가졌다는 학생들도 학교를 졸업한 후에는 사회에서 두각을 드러내지 못하는 평범한 생활을 하다가 마치는 경우가 대부분이다. 수능 이전 시대의 한국 사회에서 학창 시절 '천재'라고 불리던 인재들 역시 사회에 나와서는 두각을 드러내지 못했다.

한국은 다른 나라에 비해서 학벌을 중시 여긴다. 학교의 간판이 좋으면 직장에서 약간 유리한 입장에서 출발하기는 한다. 그러나 학벌과 간판은 단순한 기초에 불과하다.

미국 하버드 대학을 졸업하면 '밀티켓'이라는 말이 있다. 이 말은 밥벌이는 걱정하지 않아도 된다는 말이다. 얼마 전 조사에서 하버드 대학 및 경영대학원 출신들의 사회적 영향력을 조사한 결과, 그들은 학교 명성만큼 사회에서 두각을 드러내지 못하는 것으로 나타났다. 노벨상을 받는 사람들은 결국 자신의 분야에 대해서 모든 것을 포기하고 집중하는 정신력도 중요한 요소로 작용한다고 할 수 있다.

08

아인슈타인과 퀴리 부인이
공부할 수 있었던
환경처럼 만들기

어느 자기 계발서에서 본 유머가 생각난다. 아인슈타인과 퀴리 부인이 한국에 다시 태어난 것이다. 그런데 아인슈타인은 대학 입시에 번번이 실패하여 대학에 입학조차 하지 못하고 고졸 학력으로 학력 차별로 사회에서 노동자 신세로 살아가고 있었다. 그리고 퀴리 부인은 여성차별화로 인해서 교육을 제대로 받지 못한 평범한 주부로 생활하고 있었다. 물론 이것은 유머에 불과하다. 그러나 과거 한국 사회에의 입시제도의 모순점을 잘 보여 주고 있다.

앞에서도 이미 설명한 것처럼 노벨상을 받을 정도의 인재는 전 과목을 잘하는 학생이 아니다. 두뇌가 한쪽으로 쏠려서 한두 과목에서만 천재성을 띠고 있다. 따라서 한국과 같이 전 과목을 잘하는 학생은 평범하다고 할 수 있다. 대개 전국 학력고사에서 수석을 한 학생들의 평균 IQ는 그리 높지 않다는 연구 보고서가 있다.

천재성을 가진 학생은 그들을 따로 모아서 영재 교육을 시켜야만 한다. 이제 한국에서도 영재들을 따로 모아서 영재 교육을 시키고 있기는 하나 아직까지는 과학적인 영재 교육을 하지 못하고 있는 실정이다.

특히 과학이나 문학을 비롯하여 예술 분야에서 천재성을 띤 인물들은 어린 시절에는 학교에 잘 적응하지 못하였다. 노벨상을 수상한 인물들 중에서 슈바이처 박사나 처칠, 발명가 에디슨 등은 천재성을 띠고 있었다. 그러나 그들은 학창 시절에 학교에 적응하지 못했다. 그럼에도 불구하고 서양 선진국의 교육 환경 때문에 훌륭한 인물로 성장한 것이다.

한국도 수능이나 입시 천재가 아닌 진짜 천재들이 많았다. 그러나 그들은 한국의 교육 환경 때문에 후에 천재로서 두각을 드러내지 못하고 말았다. 이것은 국가적으로도 큰 손실이 아닐 수 없다.

1960년대 중반 한국은 후진 농업국에서 공업국으로 발전하는 과정에 있었다. 그때까지만 해도 한국은 경제적으로 후진국 수준을 벗어나지 못하고 있었다. 이때 한국인들에게 희망을 준 사건이 있었다. 한국의 네 살배기 신동이 나타난 것이다. 바로 김웅용 군이었다.

김 군은 당시 일본에 가서 미적분을 풀고 물리와 수학 분야의 세계적인 천재들과 어깨를 겨루었다. 특히 한국이 일본을 경제 모델로 삼고 있었기 때문에 김웅용 군의 등장은 한국의 국위를 세계에 선양시키는 역할을 하였다. 그 당시 김웅용 군의 공식적인 IQ는 230으로 세계 기네스북에 올라 인류 역사상 가장 높은 IQ 기록을 보유하였다. 그 당시까지 세계에서 가장 IQ가 높다는 아인슈타인보다 훨씬 높은 IQ였는데, 아이슈타인의 IQ는 200에 못 미쳤다고 한다. 또한 미국에서 가장 IQ가 높다는 당시 미국 국방부 장관이었던 맥나마라도 IQ 200을 넘지 못했다.

이 정도 두뇌를 가진 김웅용 군은 장래가 촉망받는 과학자로서 노벨 물리학상 수상을 받을 1순위 후보였다. 그런데 그 후 김웅용 군은 어떻게 되었을까? 김 군은 그 후 한국의 입시제도에 적응하지 못했다. 한국식 입시는 거의 다 암기 과목이기 때문에 대학에 입학하기 위해서는 국어를 비롯하여 전 과목을 다 잘해야만 한다. 그러나 대부분의 천재들은 물리와 수학 과목만 잘한다.

김웅용 군은 수학과 물리 분야에만 천재적인 두뇌를 타고났으며, 이에 반해 다른 과목에서는 두각을 드러내지 못했다. 이런 경우, 국가에서는 따로 교육을 시켜야만 한다. 외국에서도 이런 영재는 따로 뽑아서 교육을 시킨다. 그러나 한국의 잘못된 교육으로 인해서 김 군은 일류 대학을 나오지 못하고 지방대학을 나와서 지방대학에서 박사 학위를 받아서 결국 지방의 공기업에 취업해서 자신의 재주를 살리지 못했다. 최근에는 지방대학 교수로 이직했다는 말이 있다.

김웅용 군을 잘 아는 팬들은 모두 안타까움을 금치 못하고 있다. 사실상 노벨상 수상 1순위의 인재를 놓친 것이다. 무엇이 김웅용 군을 이 지경으로 만든 것인가? 바로 한국 교육 제도 때문이다. 한국의 교육 환경이 천재가 재능을 살릴 기회를 놓친 것이다.

또한 최근에 나타난 천재 소년이 있다. 바로 송유근 군이다. 이제 18세에 불과한 송 군은 한국의 모 대학의 박사 과정에서 박사 학위 논문 심사에서 표절 시비 문제로 최연소 박사 학위를 놓칠 위기에 몰려 있다. 이미 송 군의 지도교수는 논문 표절로 인해서 교수직을 박탈당할 위기에 놓여 있다.

그런데 이런 경우는 국가를 살리기 위해서 송 군에 대한 논문에 시비를 걸지 말아야만 한다. 과학자들에게 있어서 박사 학위는 단순히 시작에 불과하다. 진짜 천재들은 박사 학위가 없다. 아인슈타인도 대학 졸업장만 있을 뿐, 박사학위가 없다.

최근 천재 소년 송유근 군 역시 한국 교육 환경 때문에 혹시 장래 대과학자로서 성공을 할 수 있을는지 걱정이 앞선다. 자라 보고 놀란 가슴 솥뚜껑 보고 놀란다는 말이 생각난다. 바로 김웅용 군 사건 때문이다.

송유근 군은 앞으로 노벨상감이다. 그는 이제 18세에 박사 학위 논문만 남겨 놓고 있다. 송 군은 검정고시를 통해서 학교 졸업장을 받았다. 이제 송 군이 노벨상을 받을 수 있도록 우리 국민 모두 도와주어야만 한다.

그러면 만약 아이슈타인이 한국에서 교육을 받았더라면 어떻게 되었을까? 아인슈타인은 틀림없이 김웅용 군과 같은 전철을 밟았을 것이다. 아인슈타인이 만일 한국에서 태어났다면 대학에 입학하지 못했을 것이다. 그 이유는 한국에서는 입시 과목 전부를 다 잘해야 대학에 입학할 수 있기 때문이다. 그런데 아인슈타인은 수학과 물리만 만점이고 다른 과목은 아예 낙제점이다.

실제로 아인슈타인은 독일 유태인 출신으로, 대학은 스위스 취리히 공대를 나왔다. 취리히 공대는 독일과 오스트리아의 명문대학들과 함께 세계적인 명문이다. 아인슈타인은 이곳에 응시를 했으나, 그의 고등학교 성적이 좋지 않아서 불합격했다. 그러나 수학과 물리가 뛰어난 것을 보고 학교의 입학사정관들은 재심사를 했고, 그 결과 그는 학교에 입학할 수 있었다.

아인슈타인은 대학에서부터 두각을 드러내기 시작하였다. 그가 나중에 발표한 상대성 원리를 비롯하여 많은 물리학적 이론들은 대부분 20대 초반에 나온 이론들이다. 만일 아인슈타인이 대학에 못 들어갔더라면, 그가 인류에 끼친 공적은 없었을 것이다.

1950년대 서울대학교에서도 수학을 0점 맞은 학생을 입학시킨 사례가 있었다. 사실 서울대는 학교 규칙상 한 과목이라도 0점을 맞은 학생은 입학을 시키지 않는다. 그 학생은 나중에 작가로서 이름을 날린 전혜린 작가로, 전혜린은 경기여고를 졸업하고 서울 법대에 응시한다. 그런데 수학에서 0점을 맞았다. 서울대에서는 규정상 한 과목이라도 0점을 맞으면 합격을 시키지 않으나, 전혜린은 수학을 제외한 다른 모든 과목에서 워낙 우수한 성적을 보였기에 입학사정관들은 회의를 거쳐 결국 전혜린을 합격시켰다.

그 후 전혜린은 법학을 포기하고 문학의 길로 들어섰다. 50년대 독일 뮌헨대학을 졸업하고 문학적으로 두각을 드러냈으나, 결국 31살의 나이에 자살하고 말았다. 만일 전혜린이 자살만 하지 않았더라면 틀림없는 노벨 문학상을 수상하였을 것이다.

그리고 만일 퀴리 부인이 한국에서 태어났더라면 그녀는 과연 어떻게 되었을까? 퀴리 부인은 분명히 노벨 수상을 두 번이나 받는 영광을 누리지 못했을 것이다. 그 이유는 당시 한국에서는 여성에 대한 차별이 심해, 분명히 학교 교육을 제대로 받지 못했을 것이기 때문이다. 만약 대학을 나온다고 하더라도 당시 한국 상황으로 봐서 그녀는 사회에서 두각을 드러내지 못했을 것이다.

아인슈타인과는 달리 퀴리 부인은 어릴 적부터 천재였다. 3살적부터 두각을 드러냈는데, 한 번 들은 시나 글을 그대로 암기해서 토시 하나 틀리지 않고 암기하였다고 한다. 학교에서도 전체 일등을 한 번도 놓치지 않는 천재였다. 그렇기 때문에 한국에서 요구하는 시험 과목은 무사히 통과할 것이다. 그러나 당시 한국 사회에서는 남녀 간의 성차별이 심했다. 이러한 사회적 환경 때문에 퀴리 부인도 큰 과학자로서 성공을 거두지 못했을 것이다.

천재 소년 김웅용 군이나 송유근 같은 천재들을 특별히 관리하는 교육 제도가 가장 시급하다. 김웅용 군은 한국의 명문대학에 무시험 특별전형으로 합격시켰어야만 했다. 이러한 천재들에 대한 국가의 배려가 있었더라면 지금쯤 한국에서는 노벨 수상자가 여러 명 나왔을 것이다.

09
일본은 왜
노벨 수상자가 많을까

일본은 동양 삼국 중에서 지리적인 여건이 가장 열악한 환경임에도 불구하고 국제 사회에서는 일찍부터 두각을 드러내기 시작하였다. 현재 미국을 비롯하여 남미 등 전 세계에 거주하는 일본인들은 거의 다 평균 이상의 상류층을 이루고 있다. 미국에 이민 간 일본인들의 경우, 한국과 중국을 비롯하여 아시아계의 필리핀인들보다 경제적 소득 수준이 훨씬 더 높으며 일본인들은 미국 사회에 파고들어 가서 왕성한 활동을 하고 있다.

반면에 한국인과 중국인들은 미국 사회에 파고들지 못하고 차이나타운이나 코리아타운 등을 형성하여 따로 모여서 다른 생활을 하고 있다. 한국인이나 중국인들은 언어상의 장벽으로 인해서 미국 사회에 파고들지를 못한다 하더라도, 같은 아시아계이면서 미국의 식민지로서 영어를 사용하는 필리핀인들 역시 일본인들만큼 미국 사회에서 활동하지 못하고 있다.

하와이에 이민 간 동양인들의 역사는 한국과 일본과 중국, 동양 삼국이 거의 비슷한 역사를 가지고 있다. 하지만 일본인들이 하와이의 정치와 경제권을 모두 쥐고 있는 실정이다. 현재 일본의 비즈니스맨들은 브라질을 비롯한 남미 국가에서 성공하여 남미 경제계에 상당한 영향력을 행사하고 있다. 선진국인 유럽 국가들을 비롯하여 상당수의 국가들이 남미에서 적응하지 못하고 깊숙이 파고들지 못해서 손을 떼어 버렸음에도 유독 일본만이 남미 사회에 뿌리를 내리고 있다.

남미 국가인 페루에서 일본인인 후지모리가 대통령에 당선될 정도로 일본인들은 자국이 아닌 타국에서 뿌리를 내리는 능력이 탁월하다. 또한 아프리카의 검은 대륙에도 일본의 종합상사들이 상당히 진출하여 상권을 장악하고 있다.

이처럼 일본은 비즈니스적 차원에서 국제 사회에 진출하여 성공하는 능력을 보임과 동시에 학술적인 차원에서도 가장 권위 있는 노벨 수상자를 동양 삼국 중에서 가장 많이 배출하고 있다. 2016년 현재 일본은 25명의 노벨 수상자를 배출하였다. 일본의 노벨 수상은 과학적인 차원에서뿐만 아니라 문학을 비롯하여 평화상까지 섭렵했다. 게다가 노벨상 중에서 가장 권위 있는 노벨 문학상 부분에서 가와바타 야스나리와 오에 겐자부로 두 명을 배출하였다. 평화상 부분에서도 사토 전 일본 수상이 받는 등 다양한 분야에서 노벨상을 받았다.

노벨상은 인류 역사상 가장 권위 있는 상임에 틀림없다. 세계에서 가장 권위 있는 학술문화상이라고 불리는 노벨상은 다이너마이트를 발명한 알프레드 노벨의 유언에 따라 1901년부터 매년 인류를 위해 공헌한 사람에게 수여되는 상이다. 따라서 노벨 수상자를 얼마나 많이 배출하는가에 따라서 개인의 영광은 물론이고 노벨상을 받은 국가의 명예가 올라가는 만큼 대단한 상이다.

그중에서도 문학 분야가 가장 권위 있는 상이다. 경제학상은 1969년부터 늦게 시작되어서 권위적인 면에서는 가장 약하다고 할 수 있다. 그리고 평화상은 인류의 평화를 위해서 공헌한 단체 등에 대해서도 노벨상이 수여된다. 이러한 점을 감안할 때, 노벨 평화상 역시 정치적인 목적이 상당한 영향을 끼치고 있다.

일반적으로 볼 때, 국가가 국제 사회에서 미치는 영향력에 따라서 노벨 수상자 수도 비슷하게 비례해서 배출되고 있다. 그 예로서 미국이 가장 많은 수의 노벨 수상자를 배출하고 있다. 문학상을 제외하고는 가장 많은 노벨상 수상자를 배출하며, 미국이 전 노벨 수상자를 휩쓸어 버린다. 노벨 문학상은 프랑스가 아직까지 가장 많은 수상자를 보유하고 있다.

이를 통해 노벨상 수상자의 수는 그 나라가 국제 사회에 미치는 영향력에 비례한다는 사실을 알 수 있다. 그러나 그보다 국가의 민족성도 상당한 영향력이 있다고 할 수 있다. 일본은 현재 25명의 노벨 수상자를 배출하였다. 그중에서 난부 박사는 일본 출신이기는 하지만 미국 국적을 가지고 있기는 하다. 난부 박사를 포함해서 25명의 노벨상 수상자를 배출한 일본은 한국과 비교해 보면 상당한 차이가 있음을 알 수 있다.

한국에서 노벨 수상자를 배출하지 못하는 이유는 그동안 국제 사회에서의 영향력이 일본보다 약하다는 것이 가장 큰 이유 중의 하나이다. 그러나 이제 한국은 반기문 유엔 사무총장과 김용 세계 은행 총재를 배출하여 국제 사회에서 그 위상을 상당히 드높였다.

또한 삼성전자의 스마트 폰을 비롯하여 현대 자동차 등이 세계 적인 다국적 기업으로 이름을 드러내고 있기 때문에 국제 사회에 서 영향력이 비약적으로 올라가고 있다. 경제적인 면에서 한국은 경제 브랜드 10위권의 경제대국으로 이름을 날리면서 영향력을 행 사 중이다. 그밖에 스포츠 분야에서도 상당히 많은 선수들이 활약 하고 있다. 이러한 점을 감안할 때, 한국도 이제 노벨상을 수상할 날이 매우 가까워 오고 있음을 알 수 있다.

그에 비해 일본은 67년 전인 1949년에 유가와 히데키가 처음으 로 노벨상을 받은 것을 보면, 일본의 위상이 국제 사회에서 이미 오래전에 높이 올라가 있다는 것을 알 수 있다. 일본은 이미 1920 년대 당시 현재의 유엔에 해당되는 국제연맹의 사무총장 다음 자 리인 사무차장에 니토베 이나조가 있었다는 것도 이러한 사실을 잘 알려 준다.

그렇다면 일본보다 노벨상 수상 분야에서 약 반세기 이상이나 뒤지고 있는 한국에 비해서 일본이 노벨상을 많이 수상하는 원인 은 어디에 있는가?

노벨 수상자를 가장 많이 배출한 유대민족인 이스라엘의 경우는 학교의 교육 방식을 가장 중요한 원인으로 여기고 있다. 앞에서도 이미 언급한 것처럼 국제평가위원회에 의하면, 유대민족인 이스 라엘 국민들의 아이큐가 110 정도로 가장 높고 다음이 한국이 106

이며 일본이 105 정도이다. 한국과 일본 국민들의 IQ는 한국이 약간 높기는 하지만 비슷한 수준에 머물고 있다. 결국 국민들의 평균 아이큐는 노벨상과는 관계가 적다고 할 수 있다.

일본이 노벨상을 많이 받는 데에는 그 국민들의 국가에 대한 충성심이 상당히 중요한 요소로 작용하고 있다. 일본은 국가에 대한 충(忠)을 바탕으로 하는 사회의 하부구조를 형성하고 있다. 이스라엘 국민들 역시 국가에 대한 충성심이 매우 강한 민족이다. 반면에 한국과 중국은 가족 중심의 효(孝)를 바탕으로 하는 사회를 형성하고 있다.

일본의 초등학교나 중·고등학교 선생님들이 학생들을 가르칠 때 가장 많이 사용하는 말은 "학교의 우등생은 사회의 우등생은 아니다."라는 말이다. "학교의 우등생은 사회의 우등생이다."라며 학교의 성적과 사회의 성적을 어느 정도 동일시하고 있는 한국과는 달리, 일본의 경우는 "학교의 우등생은 사회의 우등생이 아니다."라는 말로 그 사실을 증명하기 위해 노력하고 있다.

실제로 노벨상을 수상한 사람들의 숫자도 일본의 최고 엘리트들이 모이는 동경대학보다는 그보다 열등한 학생들이 모이는 경도대학이나 와세다 등 타 대학에서 더 많은 노벨상수상자를 배출하고 있다. 일본인들은 동경대학보다는 타 대학에서 노벨상이 많이 배출되는 것에 대해서 더욱더 기뻐하고 있다.

이처럼 일본인들은 "학교의 우등생은 사회의 우등생이 아니다."라는 말을 인용하여 대부분 초등학교 시절에는 학교에서 공부를 많이 시키지 않는다. 어린이들의 개성을 살려서 그냥 내버려 두는 경우가 허다하다. 그러나 일본도 학벌을 중시하는 경향이 매우 강하기는 하다.

학교에서 공부를 잘하는 사람은 대부분 융통성이 결여된 사람들이기 때문에 상황에 대처해 나가는 능력이 부족하다고 본다. 그래서 사회의 우등생과 학교의 우등생은 다르며 노벨 수상자들도 대부분 학교의 우등생이 아닌 사람들이 새로운 발명과 발견을 한다는 것이다.

그러면 왜 일본은 노벨수상자를 많이 배출하는가? 일본이 노벨상 수상자를 많이 배출하는 원인은 사회적인 환경 요소 때문이라고 할 수 있다. 노벨상 수상도 개인적 차원에서라기보다는 사회 전반적인 차원에서 이해하여야만 한다.

앞에서 이미 언급한 것처럼 노벨 수상자가 후진국에서 나오지 않는 원인은 바로 노벨 수상이라는 자체가 그 국가의 정치, 경제, 사회, 문화와 관련성을 가지고 있기 때문이다. 가령 미국에서 노벨상 수상자가 가장 많이 배출되는 원인은 미국이라는 국가가 정치적으로 세계에서 가장 큰 영향력을 행사하기 때문이다. 반면에 프랑스가 노벨 문학상을 가장 많이 수상하는 원인은 프랑스 국민성이 문학적인 기질을 가지고 있기 때문에 문학 분야에서도 뛰어났다고 할 수 있다.

결국 노벨상이 미국이나 유럽의 선진국들에서 많이 배출되는 원인은 단순히 개인적인 능력이 우수하여서라기보다는 그 국가와 민족의 집단이 가지고 있는 능력의 복합성으로 이루어진다고 할 수 있다. 유대인의 경우, 유대인들이 가지고 있는 교육열이 가장 중요한 요소로 작용하고 있다. 현재 미국 전 자산의 약 8퍼센트가 유대인들의 소유이며, 유대인들이 상권을 쥐고 있다. 의학계나 방송계는 유대인들이 좌지우지하고 있다.

이러한 유대인들이 미국 사회에 미치는 영향력이 크기 때문에 노벨상 수상에서도 유대인들에 대한 배려는 절대적이라고 할 수 있다. 단지 유대인들이 머리만 우수하고 국제 사회에서 뒤진 민족으로 남아 있다면, 과연 유대인들이 가장 많은 수의 노벨상을 수상할 수 있을까 하는 의문이 든다.

한국이 노벨상 수상 면에서 일본보다 현재 60년 이상 뒤떨어지고 있는 이유가 아직까지 한국은 국제 사회에서 별로 큰 영향력을 행사하지 못했기 때문이다. 일본의 경우는 벌써 세계 제1차 대전에 참전하였으며 2차 세계 대전에도 참전을 하여 국제 사회에서 이름을 날렸다. 또한 국제 연맹에서도 사무차장이 일본인이 임명될 정도로 국가의 위상이 올라가 있었다. 결국 일본이 현재 노벨 수상자를 25명이나 배출한 원인은 바로 일본의 국제 사회에서의 영향력과 비례하기 때문이다. 이것은 유태인이 미국의 경제적인 상권을 비롯하여 언론과 정치계를 조정하는 영향력이 강하기 때문에 가장 많은 노벨상을 수상한 것과 같은 맥락에서 이해할 수 있다.

노벨상을 많이 수상하는 국가의 대표적인 모델은 일본과 유대인이며, 이러한 점에서 일본과 유대인 즉 이스라엘의 공통적인 특징을 발견할 수 있다. 양국은 모두 국가에 대한 충성심이 매우 강한 민족이다. 이스라엘의 유대인 민족은 수천 년 동안 떠돌이 생활을 하는 민족이며, 수십 년 전에 겨우 지금의 팔레스타인을 몰아내고 자신들이 자리를 차지하였다. 따라서 팔레스타인들과 전쟁은 끊이지 않고 있다.

그런데 유대인들은 비록 자신들이 미국에 살든 그 어느 나라에 살든지 자녀들에게 모국어인 히브리어, 즉 이스라엘 말을 가르치고 있다. 우선적으로 자신의 모국어부터 가르치고 그다음에 자국에 거주하는 말을 가르친다. 자국에서 전생이 일어날 가능성이 있는 경우 다른 지역으로 피신하는 대부분의 국민들과는 달리, 유대인은 비록 이스라엘을 떠났다고 할지라도 국가가 전쟁 상태에서 부르는 경우에는 국가와 민족을 위해 언제든지 국가의 전쟁에 참여하는 애국적인 정신이 매우 강한 민족이다.

일본의 경우도 유대민족만큼은 아니지만, 한국이나 중국과 비교하면 국가에 대한 강한 충성심을 가지고 있다. 일본은 에도시대에 받아들인 유교가 국가의 기본적인 사고를 바탕으로 하고 있다. 한국의 조선시대와 비슷한 시기에 시작된 유교는 일본과 한국과는 다른 방향으로 발전하게 되었다. 일본은 국가를 기반으로 충을 바탕으로 하는 유교문화인 반면, 한국과 중국은 효를 기반으로 하는 국가의 틀을 마련하였다.

원래 유교 전통의 예를 들면 "수신제가 치국평천하"라고 할 수 있다. 수신제가는 자신의 가족과 자신을 다스리고 나서 나라에 대해서 충성을 하는 것을 원칙으로 하고 있다. 따라서 중국에서나 한국에서는 강한 가족주의를 중심으로 하는 사회가 형성되어 있다. 그러나 일본의 경우는 국가의 주군에 대한 충성을 위해서 가족과 자신을 버려야 하는 국가의 충성을 우선으로 하는 사회 제도를 구축하였다.

특히 도쿠가와 이예야스 이후의 사무라이 지배 체제에서는 주군과 국가에 대해 더욱더 강한 충성심을 요구하였다. 이차대전 당시 가미가제 특공대가 바로 이러한 대표적인 케이스라고 할 수 있다.

하버드 대학의 동양학 석학인 존 페어뱅크 박사는 동양 삼국인 중국, 한국, 일본 중에서 일본이 서구문명을 성공적으로 받아들여서 개화에 성공한 원인은 일본 국민의 민족성이 모방성과 국수주의 정신을 바탕으로 한다는 데 있다고 설명했다. 반면 한국과 중국은 보수주의와 가족주의를 바탕으로 하고 있다는 것이다.

모방성이란 남과의 친화력이 강하고 남과의 관계를 중요시 여기는 것을 말하며, 국수주의란 개인을 희생해서 국가를 위하는 정신을 의미한다. 개인의 명예보다는 국가의 명예를 더욱 중요시 여긴다는 것이다. 반면 한국과 중국의 보수성은 비사교적이며 남과의 친화력이 약하다는 것이다. 또한 가족주의적 사고란 국가보다는 자신의 이익과 가족의 명예만을 위하는 사고를 말한다.

가족주의란 결국 미시적인 차원에서 보면, 교육적인 차원에서 자신 혼자만 일등을 추구하는 이기주의적 사고를 만든다. 다시 말하면, 에고이스트형의 인간을 생산한다. 이러한 가족주의와 노벨상과는 어느 정도 상관관계를 가지고 있는가 하는 문제에 대해서 연구할 필요성이 있다. 노벨상을 수상하지 못하는 근본 원인은 결국 교육에 있다고 할 수 있다. 이에 따라 노벨 수상자를 많이 배출하는 일본과 유대인형 교육과 한국형 교육을 비교해 볼 필요성이 생긴다.

다음으로 국수주의와 가족주의 정신이 노벨상 수상에 미치는 영향을 연구 분석할 필요성이 있다. 일본의 국수주의는 개인의 이익보다는 국가와 사회를 우선적으로 생각하는 사고와 물질적인 면보다는 명예를 중시 여기는 사고를 바탕으로 하고 있다. 다시 말하면, 국가와 사회에 대한 충성심을 바탕으로 한 삶을 살아가는 민족성을 띠고 있어, 자신이 하는 일이 국가를 위한 충성심과 관련이 있다면 물질적인 차원을 떠나서 목숨을 걸고서 하는 장인 정신이 매우 강하다.

또한 일본인들 특유의 승부욕인 사마쿠니 곤조를 가지고 있다. 따라서 노벨상을 목표로 했으면 끝까지 밀고 나가는 승부욕이 매우 강하다. 여기에 덧붙여 국수주의는 다른 사람들과의 관계를 매우 중요시 여기는 공동체 의식이 매우 강하다. 따라서 노벨 수상에 필요한 지식의 공유 면에서 일본은 개인주의적 사고를 바탕으로 하는 한국과 중국보다 훨씬 강한 지식 공유의 사고를 바탕으로 하고 있다.

특히 노벨상은 인류의 발전의 기초를 이루는 학문 분야이다. 돈 등 물질적인 차원에서가 아닌 돈과는 거리가 먼 순수 기초과학 분야이다. 노벨상 수상 분야이기도 한 물리학, 생리학, 화학 등 기초과학 분야는 지식의 축적과 함께 지식의 공유를 절대적으로 필요로 한다. 이 점이 바로 일본인들이 한국과 중국인들이 가지고 있는 사고와 차이다.

한국인들이 가지고 있는 교육 방법 역시 가장 큰 문제다. 앞에서도 언급했듯이 한국인들은 "학교의 우등생이 사회의 우등생이다."라는 사고를 가지고 있다. 또한 다양한 사고를 바탕으로 하는 일본인들과는 달리, 한국인들의 가족주의적 사고인 개인주의적 사고인 '엘리트 제일주의', 즉 1등만을 추구하는 사고와 일등 만능주의적 사고도 한몫한다.

다음으로 한국과 중국인들이 가지고 있는 출세 지향적 사고 및 신분 상승적 사고와 신분의 차별이 약한 일본인들의 의식구조가 노벨상 수상에 상당한 영향을 미친다고 할 수 있다. 자신의 직업에 대해서 더 나은 직업으로 상승하려는 것이 아니라, 한 직업에 대해서 보다 전문적으로 파고드는 전통을 유지하려는 일본인들의 장인 정신과 조금이라도 명예와 부를 축적할 것 같으면 다른 직업으로 순식간에 이직하는 한국인들의 사고가 노벨상을 못 받는 원인 중의 하나이다. 여기에 더해서 한국 과학인들의 정치 지향적 사고를 노벨상을 못 받는 이유로 지적할 수 있다.

① 사마쿠니 곤조

일본이 노벨상을 많이 수상하는 원인은 일본인들이 동양 삼국 중에서도 강한 승부욕 때문이라고 할 수 있다. 일본은 한번 시작하면 끝까지 달라붙는 승부욕이 강한 민족성을 가지고 있다. 이것을 '사마쿠니 곤조'라고 한다. 다시 말하면, 일본인들이 한국인이나 중국인들보다 독종이라는 것을 의미한다.

만일 이차대전에서 미국이 원자탄을 히로시마와 나가사키에 투하하지 않았더라면 일본은 과연 항복을 하였을까? 이차대전 당시 독일과 동맹관계를 맺었던 이태리와 독일은 항복하였다. 그런데 일본은 물자를 포함해서 모든 것이 부족하였음도 불구하고 미국에 끝까지 항복하지 않았다. 일본인들은 총 대신 대 죽창을 만들어서 미국 군인들과 싸웠다.

이러한 일본 민족성의 상징인 사마쿠니 곤조는 바로 칼을 쓰는 사무라이 무사 정신에서 나온 것이다. 사마쿠니 곤조 때문에 일본은 패망하고 다시 일어난 것이다. 한다면 한다는 정신이다. 1941년 12월 초 이차대전 당시 일본은 미국의 하와이만을 기습 공격하였다. 미국 건국 이래 미국 영토가 습격을 당하기는 처음이었다.

1902년 영국의 언론인 핸리 스테디는 전 세계의 미국화를 주장할 정도로, 전 세계는 어느 누구도 감히 미국에 도전장을 내지 못하였다. 이러한 미국에 대해서 누가 감히 공격할 수 있다고 생각이나 했겠는가. 전 세계는 놀랐다. 미국 역시 자신들의 자존심을 구긴 일본에 대해서 겁을 먹고 관심을 가지기 시작하였다.

인류 역사상 미국이 현재까지 미국 영토에 공격을 가한 나라는 일본과 9·11 테러의 주역인 오사마 빈 라덴의 테러리스트뿐이다. 미국은 인류 역사상 로마 이래 최강국이자 세계 패권국인 미국에 기습 공격을 한 동방의 섬나라 일본에 대해 늘 경계를 게을리하지 않았다. 미국 국방성은 이차대전 당시 일본에 대해서 새로운 연구를 시작하였다. 당시 국방성에 일본 연구 책임자로서 일본을 연구한 루스 베네딕트 여사는 일본의 민족성을 '국화와 칼'에다 비유하였다. 일본 민족은 국화를 사랑하는 문화를 갖추고 있는 민족이지만, 동시에 항상 칼을 몸에 지니는 민족으로서 호전적인 민족이라고 결론지었다.

일본인들이 노벨상을 많이 수상하는 이유는 사마쿠니 곤조가 가슴속에 용솟음치고 있기 때문이다. 예를 들면 일본은 국제 여론을 무시한 채 전범들의 영혼이 숨 쉬는 야스쿠니 신사에 참배한다. 그것이 사마쿠니 곤조다. 한국은 일본인들이 가지고 있는 이러한 사마쿠니 곤조 때문에 40년간 식민지 생활을 했다.

일본 제국주의를 움직이고 이차대전을 일으킨 1급 전범으로 사형을 당한 도조 히데끼가 일본 민족성을 대표하는 사마쿠니 곤조를 가진 인물이다. 도조 히데끼는 미국이 이차대전에 참전하도록 만든 장본인으로, 1941년 12월 미국 진주만을 기습하도록 명령하였다. 또한 당시 식민지 국가였던 한국의 학도병을 모집하였다. 도조는 이차대전에 패하자 자살을 시도하였으나 자살이 실패로 돌아가자 전범으로 몰려서 미국 연합군에 의해 교수형이 처해졌다.

도조의 별명은 '면도칼'이었다. 도조 아버지는 도조가 어릴 적에 책상 앞에서 졸고 있는 것을 보고는 한겨울에 찬 얼음물에 집어넣었다. 그리고 책상 앞에는 졸면 머리가 날아가는 큰 칼을 걸어 놓았다. 이렇듯 도조는 스파르타식의 강한 교육을 받고 자랐기 때문에 결국 이차대전을 일으키는 인간으로 변한 것이다.

대부분 당시 일본에서 교육을 받은 사람들은 도조와 같이 강한 스파르타식 교육을 받고 자랐다. 이것이 바로 사마쿠니 곤조인 것이다.

일본이 칼을 감추고 다니는 민족이라는 결론을 미국인들이 얻어낸 이유는 바로 동양 삼국 가운데 일본에서만 유일하게 전통적 지배 계급이 칼을 사용하는 무사 계급이라는 데서 찾을 수 있다.

일본의 지배 계급인 사무라이 계급의 역사가 일본 사회에 미친 영향은 실로 엄청나다. 동양 삼국 중에서 중국과 한국의 지배 계급에 해당하는 선비 계급은 피지배 계급인 농공상 계급에게 크게 영향을 미치지 못하고 배척당했다.

일본은 칼을 지니는 사무라이는 피지배 계급인 백성들로부터 존경을 받았고, 사무라이 정신은 일본 국민들의 머릿속과 가슴속에 깊숙이 스며들었다. 현재 일본 민족은 모두가 사무라이 계급의 후손이라고 할 수 있다. 그들은 직접적으로 사무라이는 아니지만, 간접적인 사무라이들이다.

사무라이의 가장 큰 특성은 복수심이다. 복수심이 바로 '사마쿠니 곤조'라고 생각하면 된다. 현재 모든 일본인들의 가슴속에는 과거 일본이 이차대전 당시 전 세계를 상대로 싸웠던 전쟁을 자랑스럽게 여기는 마음이 자리하고 있다. 그들은 거인 미국을 공격한 진주만 사건에 대해서 영광으로 생각하며 전 세계 정복의 야심을 불태웠던 그때의 향수를 그리워하고 있다.

그들은 지금도 그들의 선조이자 최고의 지배 계급이 칼을 휘두르는 무용담을 밤을 새워 가며 자신의 후손들에게 들려주고 있다. 그들이 들려주는 사무라이 무용담은 이제 수 세기를 통해서 전해 내려지고 있다. 일본인들이 꿈꾸어 온 세계 패권의 꿈은 이제 또다시 그들의 가슴속에서 살아나고 있다.

일본의 춘추전국시대를 마무리한 도요토미 히데요시는 동양 천하를 정복하겠다는 야심으로 1592년 임진왜란을 일으켰으나 그 꿈은 좌절되었다. 좌절되기는 하였지만, 일본에서는 도쿠가와 이후

260년 동안 막부시대를 거치면서 여전히 무사 계급이 국가를 지배하였다.

무사들의 통치는 결국 "칼은 칼로서 망한다."는 말을 증명하였다. 그들은 메이지에 의한 유신에는 성공을 거두었지만 최후에는 2차 대전을 일으켜서 세계를 지배하겠다는 욕망에 사로잡혔다. 사무라이 후손들의 욕망은 결국 최후를 맞이하였으나 그들의 후손인 사무라이는 마지막 사무라이 정신이 아닌 빛바랜 백일홍으로 또다시 세계 패권국으로 부활하려는 기미를 보이고 있다.

빛바랜 라스트 사무라이는 서서히 살아서 이제 이슬을 막 머금고 갓 피어난 진주홍빛 맑디맑은 아름다운 사무라이로 새로운 변장을 시도해 나가고 있다. 라스트 사무라이의 후손들은 지금으로부터 1세기 전인 1910년 이웃나라이면서 자신들에게 유교문화와 불교문화를 전수하고 가르쳐 준 한국을 짓밟아 버렸다.

일본은 당시 패권국인 미국으로부터 미국이 중국을 통합하겠다는 의지를 확인시키기 위해 필요한 필리핀을 미국이 식민지화하는 데 앞장섰다. 미국과 일본의 외상인 테프트-카스라는 1905년 테프트-카스라 조약을 체결하여 미국은 일본이 한국을 식민지화하기에 앞서 을사늑약의 조약을 통해 외교권을 박탈하도록 도와주었다.

그 후 정확히 5년 후, 한국은 사무라이들의 칼에 정곡을 찔려서 반만년의 역사는 그 후 약 40년간 종적을 감추고 말았다. 조선의 마지막 황후 민비가 일본 사무라이들이 휘두르는 칼에 시해되었다.

사무라이들이 휘두른 칼은 자신들을 보호해 준 패권국 미국에 대해서 기습작전을 펴서 미국의 본토인 진주만을 기습하였다. 사무라이 정신은 신풍, 즉 가미가제라는 신의 힘을 빌리면 미국을 이길 수 있다는 신념으로 가득 차 있었다. 라스트 사무라이들은 패권국 미국에 대해서 선조인 막부시대의 사무라이들의 정신력을 빌렸다. 그들은 전쟁을 계속하였다.

이미 동맹국 독일과 이태리가 항복을 하였으나 사무라이 정신을 바탕으로 한 일본은 결코 항복하지 않았다. 만일 미국이 원자폭탄을 발명하지 않았더라면 일본은 영원히 2차 대전에서 항복을 하지 않았을까? 확실히 일본의 마지막 사무라이들은 이차대전에서 몇 년은 더 버티었을 것이다. 원자폭탄의 위력은 일본 사무라이 정신을 항복시키고 말았다.

사무라이 무사 정신의 제1호는 바로 임전무퇴, 즉 싸움에서는 절대로 물러서지 않는다는 것이다. 전쟁에서 패하는 경우에는 당당하게 죽는 것이 사무라이 정신이다. "어려도 사무라이는 사무라이다." 이것은 한반도 삼국시대의 화랑도의 상무정신과도 같다.

라스트 사무라이 정신은 사마쿠니, 즉 '복수심'을 의미한다. 라스트 사무라이는 복수심으로 가득 차 있었다. 이차대전 이후, 사무라이들은 무장 해제당하고 말았다. 허리에 찼던 칼을 영원히 못 차도록 전 세계로부터 금지당했으며, 집단행동 또한 제한받았다. 타국의 침략 시 자국의 방위만 허용되었다. 그러나 그들은 패전국이나 승전국 모두를 제치고 세계에서 가장 먼저 경제대국으로 우뚝 일어나서 전 세계를 돕는 데 앞장을 서고 있다.

1867년 메이지 유신 이후 얼마 후, 한국을 돕는다는 명목으로 조선과 통상수호 조약을 비롯하여 청국과의 마찰로 인한 청일전쟁에서 거둔 승리에 대해 일본의 사무라이들은 "청나라에 대한 일본의 승리는 단순히 총을 사용한 승리가 아니라 막부시대부터 살아온 일본 사무라이들이 휘두르는 진정한 검의 정신인 것이다."라고 말한다.

일본의 청일전쟁에서의 승리는 일본 사무라이들에게 날개를 달아 주었고, 곧이어 러시아를 검으로 쓰러뜨렸다. 당시 전 세계의 뉴스는 힘센 곰과 꽤 많은 여우와의 전쟁에서 여우인 일본이 미련하고 힘센 러시아 곰을 외나무다리로 유인하여 다리 아래로 떨어뜨려 죽이는 그림으로 러일전쟁을 풍자하였다.

사무라이 정신인 사마쿠니 곤조에 대해 일본인들은 불가능을 가능으로 만드는 정신력을 가지고 있다고 믿고 있다. 1867년 메이지 천왕에 의해서 막부정치는 종말을 맞았다. 그 후 불과 몇 십 년 만에 일본은 세계 최강국의 군국주의 국가가 되었고, 사무라이 지배계급에서 군인들이 지배하는 군국주의 국가로 변모하였다. 일본의 군국주의는 이차대전으로 인해서 몰락하였다.

그러나 불과 20년 만에 같은 패전국 독일과 승전국 영국을 제치고 당시 전 세계 물자의 43퍼센트를 생산하는 미국 다음으로 경제 2위의 초강대국이 되었다. 사무라이 정신은 확실히 무에서 유를 창조하고 불가능을 가능으로 만드는 정신력인 '사마쿠니 곤조'를 가지고 있다.

이러한 탓에 사무라이 후손인 일본인들은 이차대전의 전범들에 대한 신사참배를 영광으로 생각한다. 2001년 조지 부시 정권과 호

흡을 가장 잘 맞추면서 일본 국민들에게 인기를 가지고 장기집권을 하였던 고이즈미 내각은 왜 그토록 장기집권을 하였는가? 바로 고이즈미는 이차 대전의 전범들을 수치가 아닌 일본의 영웅으로 생각하고 전 세계의 이목을 무시한 채 신사참배를 하였기 때문이다.

이차대전 당시 미국을 단지 정신력에 의해서 공격한 가미가제 정신이 바로 일본인들의 성격의 대표적 모델을 제시하고 있다. 이차대전 이후 일본의 군대는 해산되었다. 지금도 일본은 집단행동이 금지되어 있다. 그러나 일본은 이미 강한 자위대를 만들어 나가고 있다.

게다가 미국 다음의 경제대국으로서 필요하면 언제든지 핵을 쉽게 금방 만들 만한 조건을 갖추고 있다. 일본은 북한이 핵을 만드는 데 대해서 위협을 느끼고 있기 때문에 만일 북한이 핵을 만드는 기미를 확실히 알면 바로 핵을 만들 것이다. 이미 일본은 핵을 만들 수 있는 모든 조건을 갖추고 있다.

이차대전 이후 1951년에 시작된 일본의 미일동맹은 영미동맹과 함께 가장 강한 미국에 대한 군사적 우호관계를 유지해 나가고 있다. 1953년 한국전쟁을 시작으로 맺은 한미동맹보다 강력한 동맹력을 유지해 나가려고 노력하고 있다. 특히 9·11테러사건 이후 미국이 추진해 나가는 군사적 행동에 적극적으로 동참하여 미국으로부터 인정을 받았다.

일본이 원하는 것은 바로 유엔 안보리 상임이사국의 자리이다. 경제적 차원에서 IMF, 즉 국제통화기금에 6퍼센트의 지분을 가지고 있다. 미국이 가지고 있는 17.3퍼센트 다음으로 일본이 많은 지분을 가지고 있다. 그러나 라스트 사무라이에게는 바로 미국 다음 자리 이상인 패권국의 자리에 도전하는 마음이 감추어져 있다. 2등이나 부통령 자리에 만족하지 못하는 사무라이의 정신병자적인 기질 때문이다.

일본이 노벨상 수상자가 세계 8위며 한국과 대결에서 '25 대 1'이라는 우수한 성적을 보이는 데에는 바로 일본인들이 가지고 있는 의식구조인 사마쿠니 곤조가 중요한 역할을 하고 있다.

② 집단을 우선으로 하는 일본인의 의식 구조

일본이 노벨상을 많이 받는 원인 중의 하나는 집단주의 사고의 의식이 중요한 작용을 하고 있다. 가족주의 중심 국가인 중국과 한국을 비롯하여 개인주의 국가인 미국과 일본 사회는 완전히 다른 사고를 바탕으로 형성되어 있다. 미국이라는 나라는 개인주의를 바탕으로 하는 사회구조를 형성하고서 시작된 국가이다.

그러나 같은 농경사회 문화를 바탕으로 하여 발전된 중국과 한국, 일본의 가족주의 문화는 각각 다른 형태로 변화를 추구해 나왔다. 일본의 가족 문화는 한국이나 중국과는 달리, 인간과 인간 사이를 바탕으로 한 하부구조를 형성하고 있다고 할 수 있다. 다시 말하면, 일본의 가족 문화는 개인보다는 집단을 중시하는 문화라고 할 수 있다.

농경사회를 바탕으로 하는 한국과 중국에서도 국민들이 집단주의적 사고를 가지고 있기는 하다. 그러나 한국과 중국은 혈통 중심의 집단주의적 사고를 바탕으로 한다. 중국의 경우도 윗대의 선조들 중에서 큰 벼슬을 한 경우에 그 자손들은 선조들이 한 업적이나 벼슬에 대해서 굉장한 자부심을 가지고 있다. 중국 사회에서는 가족주의적 집단적인 방식으로 사람들을 평가한다. "수양산 그늘이 강동 70리"라는 말은 바로 가족주의적 집단주의를 의미한다.

중국이나 한국에서는 대개가 같은 성씨를 바탕으로 하여 같은 성씨들끼리 모여서 사는 혈연 중심의 사회를 형성하였다. 같은 성씨들이 모여서 사는 집단이기 때문에 만일 그 집단에서 누가 장원급제를 하게 되면 그 집단 전체가 올라가게 된다.

그러나 일본의 경우는 집단이란 개념 자체가 한국이나 중국과는 다르다. 일본에서는 메이지 유신 이전까지 일반인들은 성을 가지고 있지 않았다. 메이지 유산 이후에 정부에서 누구나 다 성을 가지도록 하였고, 이에 따라 일본인들은 자신들의 필요에 의해서 성씨를 만들어 내었다.

따라서 일본인들은 혈연에 대한 개념이 매우 희박하다. 일본인들은 이종 사촌 간끼리도 결혼을 허용하는, 소위 말하는 근친간의 결혼은 별로 큰 문제가 되지 않는다. 그 이유가 바로 이러한 성씨의 혈연에 대한 개념을 중요시 여기지 않는다는 데 있다.

이에 반해 한국이나 중국의 경우는 성씨와 혈연에 대한 전통을 매우 중요시 여기고 있다. 한국의 경우는 양반과 평민과 상민이라는 성씨에 대한 개념을 오랫동안 유지해 내려왔었다. 갑오경장인 1894년 이후에 양반과 상민에 대한 사회적 신분이 완전히 사라지기는 하였다. 특히 천, 반, 지, 추, 마, 골, 피라는 성을 가진 사람들에 대해서는 선조가 혹시 상민 출신이 아닌가 하는 의심을 가지도록 하였다.

동성의 성씨 중심의 집단주의적 가족주의적 사고를 바탕으로 하는 한국과 중국과는 달리, 일본은 혈연이 아닌 사람들이 모여서 집단을 이루기 때문에 지역주의적 집단주의라고 할 수 있다. 이것은 고대 그리스 시대의 도시국가 중심의 형태라고 할 수 있다.

따라서 일본의 경우는 각 지역이 가지고 있는 지역주의적 문화가 강한 특성을 띤다. 각 지역마다 강한 특성을 가진 일본의 경우는 지역의 성공이 바로 개인의 성공과 직결된다. 이렇게 일본인들이 가지고 있는 지역과 자신의 일치 현상은 지역의 성공을 위해서 자신의 성격을 지역과 맞추어 나간다는 것을 의미한다. 이는 고대 그리스 시대에 자연주의 시대 다음에 나타난 지역주의 현상과 같은 맥락에서 이해할 수 있다.

자연주의적 사고에서 지역주의적 사고를 바탕으로 하는 그리스 시대는 도시가 개인보다 더욱더 중요시 여기는 사회로 발전하였다. 이 시대의 대표적인 도시는 아테네와 스파르타라고 할 수 있다. 특히 스파르타는 군국주의적 사고를 바탕으로 개인보다는 강한 국가를 목표로 발전의 속도를 추구해 나갔다.

일본 국민들이 가지고 있는 지역주의적 사고는 지역의 발전을 위해서 지역 주민 각자는 사람들 사이의 관계를 매우 중요시 여기게 되었다. 그리하여 예를 가장 기본으로 생각하고 남에게 절대로 피해를 주지 않는 도를 중시하는 사고를 가지고 있다.

한국과 같이 같은 혈연이 모여 사는 지역에서는 남에게 잘못을 저지르는 일은 바로 자신의 친인척에게 피해를 주기 때문에 누구든지 타인에 대해서는 별로 관심을 가지지 않게 된다. 그러나 일본의 경우는 사람과 사람 간의 관계에서 지역의 발전이 이루어지기 때문에 남에 대한 깍듯한 예의를 가장 중요시 여기고 있다.

일본인들이 어디에든지 '도'를 붙이는 이유가 바로 이러한 남과의 관계 때문이다. 가령 차를 마시는 경우에도 '차도'라고 하여 차를 마시는 법도가 있다. 또한 일본인들이 사용하는 칼, 즉 검을 사용하는 경우에도 '검도'라는 예의가 있다. 따라서 일본인들은 어디든지 '도'라는 명목을 사용하여 다른 사람에게 절대로 피해를 입히지 않도록 하려고 노력을 하고 있다. 이것은 바로 집단주의적 사고를 바탕으로 하고 있기 때문이다.

일본인들은 또한 남들에게는 절대로 신세를 지지 않으려고 노력한다. 그러나 부득이한 경우 신세를 지고서 덕을 본 경우에는 반드시 그 은혜를 입은 부분에 대해서는 그 은혜를 갚으려고 노력한다. 더불어 일본인들은 은혜를 입은 사람에 대해서는 은인으로 생각하고 유대관계를 돈독하게 유지해 나가는 습관을 가지고 있다.

일본인들이 가지고 있는 사고는 도시 전체의 발전을 위해서는 개인은 어느 정도 희생을 감수하여야만 한다는 고대 서구 그리스 시대의 도시사회의 사고와 같은 맥락에서 이해할 수 있다. 당시 그리스 시대에 플라톤의 사상 중에서 도시의 발전을 위해서는 자식들의 공유론을 주장하고 나섰다. 이것은 혈연을 중시하는 곳에서부터 사회의 부정부패가 발생하기 때문이다.

이에 덧붙여 도시민들의 재산은 가장 부자와 가장 가난한 자의 비율을 4대 1을 넘지 못하도록 하였다. 만일 4대 1을 넘는 경우에는 도시의 혼란을 초래하게 된다는 것이다. 이처럼 고대 그리스 사상은 도시의 발전을 위한 집단주의적 사고에서 나온 것이다.

일본이 노벨 수상자를 많이 배출하는 이유가 바로 집단주의적 사고에 있다. 노벨상을 받기 위해서가 아니라 일본의 발전을 위해서 서로 공조하는 정신 때문이다. 지식의 공유를 비롯하여 정보의 공유가 아주 잘 이루어진 덕분에, 비록 유럽보다는 적지만 아시아에서는 가장 많은 노벨상 수상자를 배출하고 있다.

10

유태인은 왜
노벨 수상자를
많이 배출하는가

노벨상 수상자의 약 20퍼센트가 유태인일 만큼 노벨상과 유태인은 상당히 밀접한 관계를 가지고 있다. 그러면 유태인의 인구는 얼마인가? 유태인의 인구는 전 세계 인구의 0.2퍼센트에 불과하다. 0.2퍼센트의 인구에 20퍼센트란 기적과 같은 숫자의 노벨 수상자를 배출한다는 것이다. 유태인은 노벨상뿐만 아니라 의료계를 비롯하여 상업계 등 전 세계를 좌지우지하고 있다.

이렇게 유태인이 유독 다른 인종에 비해서 두각을 드러내는 이유가 무엇인가? 바로 유태인들이 수천 년 동안 나라 없이 떠돌아다니면서 배운 경험을 바탕으로 한 교육의 덕이라고 할 수 있다. 유태인들은 세계 어느 곳에 가든지 얼마 있으면 상권을 장악한다. "유태인이 항상 쓰고 다니는 모자 속에는 금은보화가 가득 들어 있다."는 말이 있을 정도로 그들은 항상 몸에 보석을 지니고 다닌다.

또한 그들은 자신이 유태인이라는 정체성이 매우 강하다. 이차대전 당시 히틀러가 유태인 대학살을 감행한 이후 유태인 숫자가 줄어들기는 했지만, 현재까지도 미국을 사실상 움직이는 인물들은 유태인이다. 이처럼 유태인이 국제 사회에서 노벨상을 비롯하여 두각을 드러내는 이유는 바로 나라가 없는 떠돌이로서 생존하기 위해 더 많은 노력을 기울였기 때문이다. 그 결과 강한 인간성을 가진 인간으로 탈바꿈했다.

이는 일본이 아시아 국가들 중에 노벨상 수상자를 가장 많이 배출하는 것과 같은 맥락에서 이해할 수 있다. 일본이 국제 사회에서 두각을 드러내는 이유가 바로 섬나라이면서 천연자원이 부족한 척박한 풍토 때문이다. 더구나 일본은 지진이 매우 심한 나라이며 태풍 등 바람이 심하게 분다.

이러한 척박한 환경 속에서 생존하기 위해서 일본인들에게는 강한 정신력이 필요하였다. 결국 자연환경이 일본인들을 강한 인간으로 만든 것이다. 이것을 앞에서도 살펴본 바와 같이 '사마쿠니 곤조'라고 한다. 사마쿠니 곤조가 일본인들이 노벨상을 비롯하여 국제 사회에서 두각을 드러내게 만드는 가장 큰 요소라고 할 수 있다.

그렇다면 이처럼 강한 정신력을 소유하고 노벨상을 휩쓰는 유태인들의 교육은 어떠한가?

첫째, 유태인들은 애국정신이 매우 강하다. 다시 말하면 민족에 대한 정체성이 잘 확립되어 있다. 유태인들은 어디에 있든지 자신들의 조국부터 생각하여, 고국인 이스라엘에서 전쟁이 일어나는 경우 국가를 지키기 위해서 조국으로 돌아와서 군복을 입고 전쟁터로 나간다. 이 점이 다른 나라와 다른데, 일본인들도 이와 비슷한 양상을 보인다.

일본은 이에야스 이래 국가의 주군에 대한 충성심이 매우 강하다. 메이지 유신 이후 후쿠자와 유키치 등의 신문명 교육론자들의 노력으로 주군에 대한 충성을 없애려고 노력한 결과 많이 없어지는 듯하나, 근본적으로 국가에 대한 충성심이 강하다.

다음으로 유태인들은 반드시 모국어인 히브리어와 현지어 두 개를 배운다. 이스라엘인들은 자식들에게 현지어를 가르치면서 동시에 모국어인 히브리어를 가르친다. 다른 민족의 경우, 대부분 이민 간 사람들은 자식들에게 모국어를 가르치지 않으며 자식들은 모국어를 배우기를 싫어한다. 그러나 이스라엘 민족은 그렇지 않다. 그들은 반드시 히브리어를 배우고 유창하게 한다.

그리고 유태인들은 그들의 관습과 풍습이 담긴 『탈무드』를 공부한다. 『탈무드』는 이스라엘 민족이 수천 년간 떠돌이 생활을 하면서 터득한 지혜를 담은 기록으로, 유태인들을 세계에서 가장 많은 노벨 수상자로 만든 철학서이다. 철학이란 인간이 경험한 유익한 지식을 실지로 지혜롭게 활용하는 것을 말한다. 철학자 파스칼은 연약한 인간이 강한 우주와 만물을 지배하는 원인은 바로 인간만이 철학을 하기 때문이라고 말했다. 사실상 인간 이외의 다른 동물은 철학을 하지 않는다.

인간 중에서도 유일하게 이스라엘 민족인 유태인들만이 『탈무드』에 강한 집착을 보인다. 『탈무드』를 배워서 적용하면 그들은 어떠한 위기상황에서도 살아남는다. 유태인들이 노벨상을 많이 받는 이유는 『탈무드』를 활용한 교육방법이 중요한 원인으로 작용한다.

유태인들의 전통 성어에는 "선생님과 부모님이 모두 위험한 상황에서 누구를 먼저 구할 것인가?"라는 질문이 있다. 이때 유태인들은 선생님부터 구해야 한다고 말한다. 동시에 그들은 길바닥에 보석과 책이 떨어져 있는 상황에서 어느 쪽을 먼저 집을 것인가에 대해서 책부터 집으라는 것을 교훈으로 삼고 있다.

더불어 유태인들의 상징은 두건 대신 모자를 쓰고 다닌다는 점을 들 수 있다. 그 모자 속에는 보석류의 귀금속품이 들어 있다고 한다. 이것은 유태인들이 돈에 대한 집착도 강하다는 것을 의미한다.

유태인들이 노벨상을 인구에 비해서 세계에서 타민족의 추종을 불허하는 숫자를 기록하는 이유는 한마디로 '교육'이라고 할 수 있다. 유태인은 경험을 통한 산 교육을 가르친다. 우선적으로 유태인들은 토론을 통한 학습 방법을 택하고 있다. 유태인이냐 아니냐는 미국 대학이나 대학원에서 쉽게 구별할 수 있다. 그들은 학교 수업 시간에 토론에 가장 적극적으로 참여한다. 이것은 동양인들의 수업 방식과는 아주 대조적이다.

유태인들은 어릴 적부터 토론수업이 주를 이루는데, 선생은 단지 중재자 역할만 하고 학생들의 의견을 종합하여 결론만 내린다. 이처럼 학생 스스로가 중심이 되고 교사는 학생이 답을 얻어 낼 수 있도록 도와주는 역할만 하는 공부 방법은 학생들의 창의력을 높이는 동시에 주제에 대해서 스스로 파악하고 나가는 방향을 도출할 수 있다.

어린 시절부터 유태인은 경험을 통한 교육을 가르친다. 예를 들어 물고기에 대해서 설명하는 경우, 한국의 교육 방식은 물고기에 대해서 교사가 설명하고 학생은 암기하는 식으로 이루어진다. 그러나 유태인들은 물고기가 있는 곳으로 가서 우선 교사가 물고기를 잡아서 학생들에게 보여 준다. 그런 다음 학생들은 물고기를 실제로 옆에서 보고 관찰하며, 학생들과 교사가 서로 토론하는 토론수업을 한다. 또한 물고기에 대한 토론장을 만든 후, 물고기에 대해서 결론을 내린다.

다음으로 중요한 것은 학생들에게 물고기 잡는 방법을 가르친다는 것이다. 이것은 앞에서 경험을 통해서 실제로 활용하는 방법을 가르치는 산 공부다. 물고기를 잡아서 보여 주는 것보다 실제 물고기를 잡는 방법을 더욱더 중요시 여긴다. 학생들은 물고기 잡는 방법을 배운 후 실제로 물고기를 잡아서 그것을 식용으로 먹는다. 이것이 유태인들의 공부 방법이다.

여기서 우리가 알 수 있는 것은 무엇인가? 한국을 비롯한 다른 나라 학교의 교육 방법과는 다르다는 점이다. 한국인들은 경험이 없는 이론이나 가지고 학생들을 교육시킨다. 그러나 유태인들은 그렇지 않다. 앞에서 설명한 것처럼 물고기에 대해 단순히 설명하는 데 그치는 한국의 교육 방식과는 달리, 유태인들은 물고기를 잡는 방법을 가르쳐 학생이 평생 물고기를 잡아먹고 살 수 있다. 여기에 더해서 더 많이 물고기를 잡아서 이웃이나 남들에게 나누어 줄 수 있다는 것이다. 유태인들은 평생 살 수 있는 교육 방법을 가르치는 산교육을 실시하고 있다는 점에서 한국의 교육 방식과는 다르다.

01

차별화된 생각을 갖도록
교육하라

21세기 영웅은 컴퓨터를 인류에게 보급시킨 스티브 잡스라고 할
수 있다. 스티브 잡스는 그가 세운 애플에서 자신이 가장 필요로
하는 사원은 바로 남과 차별화된 사고를 가진 사원들이라고 말했
다. 사실상 스티브 잡스가 남과 차별화된 사고를 가지고 있지 않
았다면, 그는 평범한 회사원으로 인생을 마쳤을 것이다.

스티브 잡스와 같이 컴퓨터 혁명을 일으킨 마이크로소프트사의
빌 게이츠 역시 평범한 교육을 받지 않았다. 그는 다니던 하버드
대학을 그만두고 혼자서 불모지의 컴퓨터 작업에 뛰어들었다. 미
래는 정보와 지식 산업이 지배하리라는 사고에서였다.

아인슈타인 역시 남과는 다른 사고를 가지고 있었다. 이렇게 다
른 사고를 가지기 위해서는 부모의 힘이 필요한데, 아인슈타인과
빌 게이츠, 스티브 잡스는 모두 대학을 제대로 입학하거나 졸업하
지 못했다. 부모가 학교라는 틀에 구속되게 만들지 않은 것이다.

빌 게이츠는 세계 최고 명문 하버드를 입학한 후 중퇴하고 말았

다. 스티브 잡스 역시 대학을 제대로 다니지 못했다. 아인슈타인은 성적이 나빠서 대학입학시험에 불합격하였으나, 학교의 배려에 의해 대학은 입학하였다. 더욱이 아인슈타인은 학부가 전부일 뿐, 박사 학위가 없다. 여기에 더해서 발명왕 에디슨도 학교 교육을 제대로 받지 못했다.

여기서 중요한 사실은 학교 교육은 잘못 받는 경우 획일화된 인간으로 만드는 경우가 허다하다는 점이다. 따라서 집에서 아이들의 의견을 존중하고 개성을 받아들이는 부모의 교육법이 필요하다. 부모와 마찬가지로 학교의 교사들도 아이들에게 단순히 아는 지식을 주입할 것이 아니라, 아이들이 창의적인 아이디어를 고안할 수 있도록 아이들에게 주제를 주고 아이들이 그 주제를 주도해 나가도록 교육하여야 한다.

한국 입시의 문제점은 아이들을 천재를 바보로 만드는 교육 방법에 있다. 가정에서 아이들을 틀에 잡아 놓고서 교육시키는 부모들의 방법이 아이들을 망친다. 학교에서 교사가 오랫동안 상당한 체벌을 하던 시대가 있었다. 1980년 이전에 중·고등학교를 다니던 사람들은 대부분 교사들의 엄한 체벌 속에서 교육을 받고 자랐다. 가정에서 부모 역시 자녀들을 엄하게 교육시켰다.

그런데 당시 자녀들을 엄하게 키운 집안과 자식을 자유롭게 키운 집안의 자식들을 비교해 보는 흥미로운 연구 보고서가 있다. 엄하게 키운 집 자식들은 후에 성장하여 대부분 회사원이나 공무원, 교사나 은행원 등 단순하고 평범한 사회인으로 살았다. 반면 자유롭게 자란 자녀들은 주로 직장인이 아닌 자영업에서부터 대기업 회장 등 다양한 직업군을 형성하였다. 대부분 지금의 벤처기업을 만들어서 사는 사람들이 많았다. 그 원인은 자유롭게 자란 사람들은 대부분 창의성이 있는 자유로운 직업을 원하는 데 있다.

학교에서는 교사에게, 또 집에서는 부모에게 엄하게 교육을 받은 대부분의 아이들은 부모와 교사의 사고의 틀에서 벗어나지 못하는 획일화된 사고의 틀 속에 갇히게 되었다. 부모나 교사가 학생들을 엄하게 다루는 이유는 입시와 관련하여 좋은 학교에 입학시키기 위해서였다. 결국 그 당시 학교 공부는 학생 중심의 교육이 아니라, 교사가 주입식을 통한 단순한 지식 습득의 교육에 불과했다.

그 결과, 학생들의 창의성과 차별화된 사고는 없어지고 당시 한국의 우수한 학생들의 천재성 또한 사라지고 입시교육에만 의존하는 평범하고 획일화된 아이로 변하고 말았다. 이러한 입시 위주의 교육으로 인해서 현재 한국은 노벨상을 수상하지 못하고 있는 실정이다.

현재 노벨 수상자를 휩쓰는 미국의 교육은 자유주의식 교육이다. 산업혁명은 영국에서 시작되었으나, 산업혁명을 완성시킨 나라는 미국이다. 유럽의 산업혁명이 영국에서 가장 먼저 일어난 이유는 바로 영국이 민주주의가 가장 발달된 나라였기 때문이다. 이것은 무엇을 의미하는가? 국민들이 왕정으로부터 억압된 사고가 아닌 자유로운 사고를 가지고 있었음을 의미한다.

그렇다면 미국이 유럽으로부터 신천지 아메리카 대륙으로 이주한 이유는 무엇인가? 바로 종교의 자유를 찾아서 온 것이다. 그들은 천 년간 계속된 수도사 문화를 헌신짝 버리듯이 하였다. 단지 "프로타고라스의 만물의 척도는 인간이다. 인간 각자는 다르다. 그렇기 때문에 각자는 각자에는 맞는 방법을 적용해야 한다."는 사고와 존 로크의 개인주의 사고, 이 두 가지만을 들고서 미국으로 이주하였다. 그리하여 미국 헌법은 존 로크의 개인주의 사고를 기초로 만들었다.

미국은 유럽과는 달리 전통과 역사와 문화가 없다. 그렇기 때문에 자유로운 사고를 가질 수 있었고, 열린 사회로 발돋움할 수 있었다. 유럽에서 이주하면서 미국인들이 꿈꾼 사회는 바로 쥐도 고양이를 이길 수 있는 사회고, 그것이 바로 디즈니랜드의 주인공 미키마우스다.

고양이 앞에 쥐"라는 말이 있다. 쥐 앞에 고양이는 그야말로 왕이다. 그러나 미국 사회는 쥐도 고양이를 이길 수 있다는 다른 사고를 가지고 있다. 현재 미국인들은 디즈니랜드의 상징인 미키마우스 쥐를 가장 사랑한다.

초기 미국에 이민 온 사람들 중에서 미국인들이 가장 존경하는 인물은 벤저민 프랭클린이다. 벤저민 프랭클린은 정치인이자 과학자이자 교육자이면서 저술가이다. 특히 그는 피뢰침을 발명한 과학자다. 그의 교육관은 결국 자유주의적 사고를 바탕으로 하고 있다.

일본 교육의 선구자인 후쿠자와 유키치는 미국이 초대 대통령인 조지 워싱턴 대통령의 후손들에게 아무런 특혜를 주지 않고 일반인들과 똑같이 평등하게 대하는 것을 보고, 미국식 자유주의를 일본 교육의 기본으로 삼았다.

결과적으로 보면 미국과 영국을 비롯하여 노벨 수상자를 많이 배출하는 국가들의 특징은 자녀들이 자유주의를 바탕으로 하는 차별화된 사고를 가지도록 교육한다는 것이다. 이제 우리에게 필요한 것은 글로벌화된 교육 혁명이다. 그 혁명은 가정에서는 부모가, 학교에서는 교사가 자녀들을 차별화된 인간으로 키우는 방식으로 진행되어야 할 것이다.

02
상상력을 키우는
교육을 시켜라

차별화된 사고를 갖기 위해서는 아이들이 상상력을 키우도록 하는 교육이 필요하다. 아이들의 머릿속은 어른들과는 달리, 경직되지 않고 비어 있다. 차별화된 인간으로 키우는 가장 중요한 요소가 바로 비어 있는 머릿속을 채우는 상상력이다. 상상력은 창의력이며, 창의력은 곧 예술이다. 플라톤은 그의 『향연』에서 상상력을 예술에 비유하고 있다.

예술과 상상력에 대해서 우리는 많은 것을 생각하고 있다. 상상력을 키우기 위해서는 아이들에게 재미를 불어넣어 주어야 한다. 그러나 재미가 상상력의 전부는 아니다. 마찬가지로, 예술은 인생에서 신명을 일으켜야 하지만 신명이 예술은 아니다. 예술은 사진같이 정교한 기술을 필요로 하지만, 정교한 기술이 예술이 아니다.

예술은 깊이 있는 사고를 담고 있다. 상상력도 예술과 같이 재미가 아닌 깊이 있는 사고력을 담고 있어야만 한다.

예술을 대표하는 음악과 미술은 상상력을 바탕으로 하고 있다. 미술은 화판 속에다 인생의 아름다움과 비판과 사고와 영감을 담고 있다. 음악은 작곡가의 영감과 연주자의 공감과 감상자의 감동을 통해서 인생의 희로애락과 아름다움을 묘사하고 있다. 미술은 인간의 시각을 통해서, 또 음악은 인간의 청각을 통해서 인생사를 표현하고 아름답게 인생사를 풀어 나간다.

건축은 정교한 공학을 토대로 한 조형예술이다. 조형예술은 공간을 창조하는 것에 대한 궁극적인 목표는 인간의 정서이다. 정서적 분위기를 조성하고 정서적 기능이 살아나는 명상의 공간은 훌륭한 조형예술을 기반으로 한다. 건축은 조형예술을 토대로 인간의 휴식처와 장소를 동시에 창조하는 가치에 궁극적인 목표를 두고 있다. 이처럼 미술과 음악과 건축예술은 인간의 상상력을 토대로 형성된다. 따라서 상상력은 아름다운 예술이라고 할 수 있다.

상상력은 미술이라는 눈에 보이는 화판 속에다 자신의 현재 행하고 있는 일들을 그려 나간다. 자신이 과거에 한 일은 화판에 이미 그려졌지만, 현재와 미래는 앞으로 빈 화판에 그려 나가야 한다. 과거에 대해서 잘못 그린 그림은 다시 지워서 그리면 된다. 미래는 더욱 아름답고 밝으며 화려한 색상과 영감을 가지고 그려 나가면 된다.

음악은 아름다운 상상력을 동원해야 한다. 음악은 시각을 넘어서 작곡가라는 인생의 설계사를 통해서 연주자와의 공감대를 형성해서 인생을 아름다운 방향으로 꾸며 나간다. 음악을 통해서 인생에서 무한히 아름답고 무한하게 동경하고 무수히 아름다움을 창조해 나갈 수 있다.

미술은 눈을 뜨고서 인생을 설계하고 자아를 비판하고 새로운 꿈을 창조해 나간다. 음악은 눈을 감고서 청명의 그늘 아래에 물 흐르고 아름다운 새의 노래를 통해서 인생의 미래를 꿈꿀 수 있다.

건축의 조형예술은 실생활이라는 현실 속으로 상상력의 날개를 달고 날아 들어간다. 그 속에서 우리는 우리가 필요로 하는 아름다움의 정서적 공간을 찾는다. 정서적 공간을 통해서 인간이 필요로 하는 참 가치를 창조해서 인생의 삶을 꾸며 나간다.

이처럼 예술의 궁극적 가치와 목표는 상상력을 통해서 인간이 더욱 풍요로운 삶을 살아갈 수 있다는 데 있다. 예술의 아름다움은 상상력을 통해서 이루어진다. 예술이 아름다운 것은 예술이 가지고 있는 존재 그 자체가 아니다. 존재라는 시각적인 차원을 넘어서 상상력을 통해서 예술을 한 계단씩 올려 나가기 때문에 아름다운 것이다. 아래에서 올려다보면 어지러울 정도로 현기증이 나는 무수히 높은 계단을 상상력을 통해서 한 계단씩 즐겁게 발을 디디는 곳에 예술의 가치가 존재한다.

대부분 노벨상 수상자들은 일반인들과는 다른 풍부한 상상력을 가지고 있다. 이들의 상상력은 대부분 어린 시절에 형성된다. 발명왕인 에디슨은 어린 시절 닭이 알을 품은 후 병아리를 낳는 것을 보고 스스로 며칠간 계란을 직접 품은 일이 있다. 집에서는 아이가 없어졌다고 경찰에 실종신고를 했다. 그런데 에디슨은 캄캄한 광 속에서 계란을 품고 병아리로 부화될 때까지 꼼짝 않고 있었던 것이다.

또한 비행기를 만든 라이트 형제 역시 어린 시절 새들이 하늘을 나는 것을 보고 자신도 언덕에서 새를 흉내 내고 뛰어내리다가 다리가 부러졌다. 이처럼 어린 시절부터 상상력을 키워 나가는 일은 중요하다.

많은 노벨수상자들이 자신이 발표한 이론은 대개 20세 이전에 만들어 놓는다. 아인슈타인이 만든 상대성 논리는 빛이 물에 꺾이는 것을 보고 모든 것이 상대적이라는 것을 알았다고 한다. 지구상에서 절대적인 것은 없다는 깨달음을 빛이 굴절되는 것을 보고 얻은 것이다. 그의 유명한 상대성 논리인 'E = MC²'은 바로 에너지는 빛을 축적하면 축적할수록 강한 폭발력을 일으킨다는 논리다. 이것이 바로 원자폭탄을 비롯한 핵폭탄 원리인데, 이 원리가 바로 아인슈타인의 어린 시절의 상상력에서 나온 것이다.

수학자이자 과학자인 가우스는 수열을 발견한 인물이다. 당시 학교의 선생님은 자기 시간을 가지기 위해서 반 아이들에게 1부터 100까지를 합한 수치를 계산하라고 했다. 아마 이것을 정식으로 계산하면 족히 한 시간은 걸릴 것이라고 선생님은 예상했다. 그런데 가우스라는 아이가 딴짓을 하고 놀고 있는 것을 발견한 선생님은 숙제를 끝냈느냐고 물었다. 가우수가 정답을 말하자, 선생님은 아이에게 그 답을 구한 방식을 말해 보라고 했다. 바로 가우스는 "1+100, 2+99, 3+98…….."과 같은 식으로 계산하여 '101'이 50개이기 때문에 답은 '5050'이라는 것이다.

이것이 바로 남과는 다른 상상력이다. 바로 획일화되지 않은 사고력이다. 그 후 가우수는 수열을 발견하여 인간 사회에 크게 기여하였다. 이처럼 노벨 수상자가 되기 위해서는 남과 다른 차별화된 상상력을 필요로 한다. 결국 상상력은 자유로운 사고에서 나온다. 획일화된 교육이 아닌 독창적인 사고를 바탕으로 한다. 예술가들에게 필요한 독창력과 같은 상상력 말이다.

03
유아기 교육이 잘못되면
에고이스트가 되고
사춘기 교육이 잘못되면
마마보이가 된다

　노벨 수상자가 되기 위해서 가장 중요한 것은 차별화된 인간화이다. 남들과는 달리 상상력이 풍부해야 하고, 혼자만의 성공을 향해 달려 나가는 엘리트의식 대신 리더가 되어야만 한다.

　이러한 리더십 교육은 어린 시절 가정 교육이 매우 중요하다. 세 살 버릇 여든 간다는 말이 있다. 이 말은 어린 시절에 길들여진 버릇을 평생 못 고친다는 것을 의미한다. 따라서 부모는 유아기에서 사춘기까지 아이들에 대해서 사랑과 엄격함을 동시에 가지고서 관심으로 대해야만 한다.

　우리나라 속담에 "조실부모한 사람은 평생 팔자가 나쁘다."라는 말이 있다. 이 말은 어릴 때 일찍 부모가 돌아가셔서 고아가 된 사람은 평생 동안 불행한 삶을 산다는 것이다. 또한 한번 밥에 뜸이 잘못 설어 버린 밥은 다시는 밥맛을 되돌릴 수가 없다는 것이다. 이것은 무엇을 의미하는가?

　그것은 바로 인간에게 있어서 유아기가 그만큼 중요하다는 것을 의미한다. 어릴 적 부모의 사랑을 받고 자라지 못한 사람은 평생 동안 사랑도 베풀지 못하는 에고이스트, 즉 이기주의자가 된다는 것이다. 이 문제는 서양의 철학자와 교육학자들에게 오랫동안 연구 대상이 되었다.

특히 이 문제에 대해서 오랫동안 연구한 정신의학자 지그문트 프로이트는 유아기적 사랑이 결핍된 유아는 결국 성장하고 결혼하여 가족에게 사랑을 베풀지 못하는 메마른 인간으로 변한다고 주장한다. 그 이유는 인간은 어릴 적 사랑이 결핍된 상처가 평생 동안 잠재되어 있기 때문이라고 주장한다.

또한 어머니가 전업주부가 아닌 직장인으로서 아이들을 돌볼 시간적 여유가 없어서 할머니나 보모한테 아이를 맡기는 경우, 그 아이는 사랑을 잃어버린다. 그 아이는 비록 어리지만 자신의 친어머니가 아니라는 것을 알고서 사랑이 없는 행동을 한다는 것이다. 또한 할머니나 보모는 친어머니보다는 애정이 적고 아이에 대한 통제력도 적기 때문에 아이가 잘못을 지질러도 그냥 넘어가는 경향이 있다.

그러면 그 아이는 '아무리 나쁜 일을 해도 괜찮겠지?' 하는 생각에 빠져, 결국 자신 혼자만 생각하는 에고이스트가 된다. 아이는 자신은 나쁜 짓을 해도 예외라는 생각을 가질 뿐만 아니라, 본능적으로 나쁜 짓을 저질러서 남의 주목을 받고 싶어 한다.

따라서 아이가 어린 시절에는 부모는 다니던 직장을 휴직하고 아이를 직접 키워야 한다. 그리고 가능하면 모유를 먹여야만 한다. 장 자크 루소는 그의 교육 소설 『에밀』에서 유아의 모유론을 내세운다. 많은 여성들이 모유 대신 다른 것을 먹이고 있었던 당시 유럽 사회에서 루소의 이러한 교육 발언은 큰 충격을 주었다.

이렇듯 아이를 직접 어머니가 키우고 모유를 먹이는 아이는 스스로 사랑을 느끼고 정서적으로 안정적인 인간으로 성장한다. 그리고 자라서는 가정을 안정으로 꾸며 나간다. 자식들에게도 자신이 받은 만큼 베푸는 대인배가 되며, 사회에 나가서도 누구에게나 베푸는 인간이 된다.

다음으로 사춘기에 접어든 아이는 어떻게 키워야 하는가? 심리학자이자 정신분석가인 프로이트는 모든 것을 성(性)과 관련시켜서 생각한다. 프로이트에 의하면, 사춘기에 아이들이 반항아로 변하는 이유는 엄마가 성적 대상이 되기 때문이라는 것이다.

사춘기는 아이들이 이성에 대해서 눈을 뜨는 시기다. 동시에 생리적으로도 성적으로 성숙기에 접어드는 시기다. 아이는 사춘기에 주변에 자신과 가까운 이성은 어머니밖에 없기 때문에 어머니가 가장 가까운 이성이 된다. 그러나 사회적으로 어머니를 이성으로 대하는 것이 현실적으로 불가능하다는 것을 알고서 어머니에게 반항하기 시작한다. 어머니에게 반항함으로써 어머니의 관심을 얻겠다는 본능이 생긴 것이다.

결국 어떤 나쁜 의도에서 사춘기에 반항하는 것이 아니라, 단순히 자신의 존재 가치를 알리기 위해서 반항을 한다는 것이다. 이에 따라 사춘기의 반항은 단순히 부모에 대한 불만이 아닌 인간의 성장기에 나타나는 하나의 과정이라고 할 수 있다. 사춘기의 반항적인 기질은 소년에서 청년으로 성장하는 당연히 발생하는 하나의 생리 현상인 것이다.

따라서 부모가 아이의 반항적 기질을 어떻게 받아주는가가 중요한 문제로 대두된다. 그런데 부모 입장에서는 이 문제에 대해서 누구나 당황하게 된다. 착하고 순진한 아들이 갑자기 반항아로 변했기 때문이다. 그 결과 부모는 자신이 아이에게 만족시켜 주지 못하기 때문에 불만이 생긴 것이라는 생각을 가지게 된다.

　그러나 사실은 누구나 성장기 과정에서 거치는 불만이라는 점을 알고 부모는 아이에게 강하게 대응해야 한다. 모든 것을 아이가 혼자서 하도록 내버려 두어야만 한다. 정신의학자 프로이트는 아이의 반항은 아이가 이제 본격적으로 하나의 독립체로서 부모에게서 독립하겠다는 것을 의미한다고 주장한다. 그러기 때문에 아이가 독립할 수 있도록 독립심을 길러 주는 방향으로 아이를 유도해 나가야만 한다는 것이다. 아이가 가능하면 혼자서 모든 것을 할 수 있도록 내팽개치는 것처럼 대해야만 한다는 것이다.

　만일 아이가 집을 나가는 가출행위를 하더라도 그대로 두라는 것이다. 그러면 결국 그 아이는 자신을 다시 돌아보고 혼자 힘으로 살아나야만 한다는 것을 본능적으로 의식하고 집으로 다시 돌아와서 과거의 본연의 자세로 돌아오게 되어 있다.

　아이가 가출 등 강한 불만과 행동을 하는 경우에 부모가 자식에게 끌려가서 아이가 시키는 대로 한다면, 그 아이는 독립심과 자립심을 상실한 나약한 인간으로 변하고 만다. 이때부터 아이는 부모라는 존재에 대해서 더욱더 매달리고 의존하는 습성이 생겨, 평생 동안 홀로 독립하지 못하고 부모에게만 의존하는 인간이 된다는 것이다.

　이처럼 사춘기에 접어든 아이의 교육이 중요하다. 사춘기 시절

잘못된 부모의 과잉보호는 결국 아이를 마마보이로 만든다. 마마보이는 청년기에 성인이 된 이후에도 모든 것을 부모에게 상의하고 부모에게만 의존하려는 사고를 가진 성격을 말한다. 이들은 가정뿐만 아니라 직장에서 생긴 일도 모든 것을 부모와 상의한다. 그리고 직장 상사나 직장 동료들과의 마찰 등에 견디지 못하고 쉽게 퇴사하고 이직한다. 결국 그 아이는 인생에서 성공하지 못한다.

부모와 자식 간의 관계에 대해서 프로이트는 부모가 아이들을 교육할 때 과잉보호를 넘어선 지나친 집착은 금지시키고 있다. 인간은 누구나 다 자신의 혈육이 좀 더 잘 뻗어 나갈 수 있도록 도와주고 싶어 한다. 인간뿐만 아니라 우주에 사는 다른 동물과 식물들도 종족 보존에 대한 강한 집착적인 본능을 가지고 있다.

프로이트는 유아기를 거쳐 사춘기에 자식에 대한 지나친 집착은 자식에게 피해가 된다고 주장한다. 특히 대부분 결손가정인 경우에 문제가 생긴다는 것이다. 부모의 자식에 대한 지나친 과보호 내지 집착은 아들을 오이디푸스 콤플렉스라는 일종의 성적 이상의 병에 걸리게 만든다. 오이디푸스 신화란, 왕이 아들을 버렸는데 그 아들이 자라서 결국 아버지를 죽이고 어머니를 아내로 맞는 비극적인 가족사에 대한 그리스 신화다.

또한 딸인 경우, 아버지가 어머니와 사별하거나 아니면 이혼하여 혼자서 힘들게 딸을 키우는 경우에 해당된다. 딸이 애처로워 아버지가 딸에게 너무 집착하는 경우, 딸에게 생기는 일종의 비정상적인 성적인 정신병을 의미한다. 아버지가 자신을 돌보아 주었기 때문에 아버지에게서 보호를 받고 싶어 하는 여성의 본능적 욕망에서 아버지를 성적으로 가장 이상적인 남성으로 생각하는 것이다.

이에 따라 결혼 적령기에는 결혼 상대자로서 외모와 성격 등 모든 것이 아버지와 같은 남성을 찾는다. 심지어 나중에는 50-60대 고령의 연령대의 아버지뻘 나이의 남성을 남편감으로 찾는다. 또한 결혼한 후에는 아버지 생각에 결국 결혼 생활이 파탄 나는 경우가 허다하다.

따라서 아들이나 딸에게 유아기나 사춘기에 너무 집착하는 집착증을 보여서는 안 된다.

04

할 수 있다는 용기와 도전 정신을
키워 주는 교육이 필요하다

한집안에서 한 사람만 보면 다른 형제들도 알 수 있다. 대개 형제 중에서 한 사람이 성공하면 다른 형제들도 성공하기 때문이다. 여기에는 형제 중에서 한 사람이 잘되는 경우, 다른 형제들은 자신도 성공할 수 있다는 자신감이 생기면서 형제지간의 보이지 않는 경쟁심이 작용한다. 이러한 사고는 형제는 같다는 사고에서 출발한다.

사실상 인간의 능력은 종이 한 장 차이에 불과하므로 결국 주변에서 주는 용기가 중요한 역할을 한다. 아이들의 교육 방법에서도 아이들에게 용기를 북돋아는 주는 일이 중요하다. 독일의 철학자 칸트는 젊은이들에게 항상 "너는 할 수 있기 때문에 하여야만 한다."고 말했다. 칸트의 이 말은 인간에게 주어진 역량은 비슷하므로 단지 어떻게 하는가가 중요하다는 것이다.

미국 하버드 대학의 심리학 교수인 로버트 로젠탈 교수는 샌프

란시스코의 한 초등학교 교장 선생님인 레오노레 야콥슨과 함께 초등학교의 학생들 가운데 무작위로 20퍼센트를 선정하였다. 그리고 그들을 다른 학교로 데리고 가서 이들이 상위 20퍼센트 우수한 학생이라고 말하면서 학교에 교육을 의뢰하였다. 그로부터 1년 후 이 아이들의 성적을 본 결과, 과연 상위 20퍼센트의 성적이 나왔다.

이러한 효과를 가리켜 그리스 신화에 나오는 '피그말리온 효과'라고 한다. 바닷가에 사는 한 젊은 어부가 젊고 미인인 여성을 나무로 만들어서 인간이 되게 해달라고 매일 빌었다. 그 결과 어느 날, 그 나무인형에서 체온이 느껴지면서 아름다운 여인으로 변했다는 그리스 신화이야기다.

결국 모든 일은 용기를 북돋아 주면 원하는 대로 성취할 수 있다는 것이다. 특히 피그말리온 효과는 현대 의학에서도 많이 활용하고 있다. 의사들이 환자들에게 희망을 주는 경우, 그 환자는 병이 빨리 낫는다는 것이다.

앞서 살펴본 로젠탈 효과는 부모가 아이를 교육시키면서 너는 할 수 있다는 용기를 주는 경우, 그 아이는 공부를 잘하게 된다는 논리다. 사실상 아이들은 선천적으로 타고난 몇몇 아이들을 제외하고는 학교의 선생님이나 부모가 아이들의 성적을 만든다고 볼 수 있다. 부모가 아이에게 잘할 수 있다는 용기를 주고 동시에 아이에게 너는 남과 다르다는 것을 자주 말해야만 한다. 그런 경우, 그 아이는 다른 또래의 아이들과 다르다고 스스로 자부심을 갖고서 이겨야 한다는 경쟁심이 생기게 된다.

학부모가 학생을 위해서 담임 선생을 찾아서 자신의 아이를 부탁하는 경우, 담임 선생은 그 학생에 대해서 관심을 가지고 교육을 한다면 확실히 그 학생의 성적은 향상된다. 그 이유가 바로 로젠탈 효과 때문이다. 따라서 가능하면 부모는 아이에게 관심을 가지고 학교에 자주 찾아가서 담임 선생님과 아이에 대해서 상의하는 일이 중요하다.

앞에서 잠깐 언급했듯이 철학자 칸트는 "너는 할 수 있기 때문에 반드시 하여야만 한다."는 말을 통해서 학생들은 자신이 선택한 것은 반드시 이루기 위해서 최선을 다하여야 한다고 주장했다. 칸트의 말은 동양에서 많이 사용하고 있는 "정신일도 하사불사"라는 말과 유사한 의미를 내포하고 있다. '정신일도 하사불사'란, 정신을 집중해서 하면 무슨 일이든지 성공할 수 있다는 말이다.

이러한 칸트의 말을 실무적으로 활용하여 할 수 있다는 사고를 가지면 성공한다는 사실을 입증한 인물은 바로 암웨이 그룹의 창업주 리차드 디보스 회장이다. 현재 월마트와 암웨이 그룹 등이 치열한 경쟁을 치르는 가운데 세계적인 다국적 기업으로 성장한 암웨이 그룹의 리차드 디보스 회장의 한마디는 회사를 세계적인 회사로 성장시키는 데 결정적인 요인으로 작용하고 있으며, 부모들이 아이들에게 용기를 주기 위해서는 반드시 활용하여야만 한다.

암웨이가 성공적인 기업으로 발전한 원인은 바로 디보스 회장의 항상 "너는 할 수 있다."는 말을 회사의 철칙으로 삼았기 때문이다. 할 수 있다는 말과 하고 싶다는 말은 하늘과 땅의 차이의 결과를 초래한다. 암웨이 그룹의 리차드 디보스 회장은 "할 수 있다."라는 긍정적인 말을 함으로써 조직에서 부하들에게 희망이 살아나도록 하였다.

인간이 자신감을 가지는가 그렇지 않은가에 따라서 인생은 달라진다. 부모에게 필요한 교육은 자녀들에게 자신감을 심어 주는 일이다. 우리 역사의 설화에 나오는 평강 공주와 바보 온달의 이야기를 생각해 볼 수 있다.

고구려의 유명한 명장군이자 평강 공주의 부마인 온달 장군은 어린 시절에는 울보 아이로 동네에서 소문이 나 있었다. 울보 바보 온달에게 부족한 것은 자신감이라는 것을 안 평강 공주는 온달에게 자신감을 불어넣었기 때문에 온달은 역사에 남는 유명한 장군이 되었다.

또한 오 헨리의 소설 『마지막 잎새』에서 불치병의 소녀는 자신이 매일 쳐다보는 마지막 남은 나뭇잎이 떨어지는 날, 자신은 죽는다는 생각을 하였다. 이 사실을 안 이웃 아저씨가 그 마지막 잎새가 떨어진 날 밤에 소녀 몰래 사다리를 타고 담에 올라가서 나뭇잎을 그려 놓았다. 소녀는 나뭇잎이 떨어지지 않는 것을 알고서 자신의 병도 고칠 수 있다는 자신감이 생겨 소녀의 불치병은 완치되었다.

대부분의 암 환자들은 자신의 병보다는 암이라는 병이 불치의 병임을 이미 알기 때문에 목숨을 잃는 경우가 거의 대부분이라고 전문의들은 말한다. 자신이 비록 암이 아니라 그보다 수십 배 더한 불치병이라도, 고칠 수 있다는 자신감만 있으면 병을 고칠 수 있는 것이다.

그렇다면 천재와 보통 평범한 사람의 차이는 어디에 있는가? 천재는 자신의 운명에 굴복하지 않고 도전적인 자세로 자신이 하는 일에 미치기 때문에 자신의 일에서 커다란 업적을 남기게 되는 것이다. 반면에 범인들은 자신이 하는 일에 대해 도전하지 않고 운명으로 받아들이기 때문에 탁월한 업적을 나타내지를 못한다.

노벨 수상과 같은 성공 역시 같은 맥락에서 이해하여야 한다. 몰입을 해서 혼신을 다할 때, 비로소 성공을 이룰 수 있는 것이다. 따라서 부모들은 아이들이 열정적인 인간이 되도록 교육하여야만 한다. 이이들이 인생에서 성공을 하기 위해서는 열정적인 사고를 가지고 달려들도록 하는 정신력을 길러 주어야만 한다.

노벨상 수상자는 열정적인 사고를 가진 인간형이다. 열정을 가지고 매사에 접근 할 때 그 사람은 아름다워 보인다. 인류 역사상 플라톤 이래 최고의 철학자 헤겔은 인간에게 행복을 가져다주는 것은 다름 아닌 '열정'이라고 했다. 헤겔은 독일에 쳐들어온 나폴레옹을 멀리서 보고서 나폴레옹에게 매료되어 버렸다. 그리고 "나폴레옹에게 열정이 없었더라면 그는 평범한 군인으로 끝이 났을 것이다."라고 헤겔은 말한다.

인간의 열정은 예술가와 혁명가와 기업인뿐만 아니라 인생을 살아가면서 누구에게나 필요하다. 현대 최고의 경영인 잭 웰치는 "훌륭한 리더는 자신이 열정을 가지고 있어야 하며 그 열정을 불어넣을 수 있어야 한다."고 말한다. 성공하는 인간에게 필요한 것은 열정이다. 열정을 자신이 목표로 세운 일에다 쏟아부을 수 있도록 시도를 하여야 한다.

그리스의 철인 소크라테스는 "시도하지 않은 삶은 가치가 없

열리드로 키우는 엄마 리더로 만드는 아빠

다.”고 말한다. 인생을 살아가면서 가장 중요한 일은 자신이 하는 일에 미쳐야 죽이 되든 밥이 되든 한다는 것이다. 자신이 하는 일에 미쳐서 미치광이가 되는 사람은 결국 결말을 보게 된다.

신라시대의 유명한 화가 솔거는 돈이 없어서 땅에다 그림 연습을 하였다. 그런데 어찌나 열심히 그렸는지 새가 날아와서 솔거가 절벽에 그린 소나무에 와서 앉으려다 떨어졌다는 일화가 있다. 또한 인상파 화가인 고흐 역시 자신의 귀를 잘라 버리고서 자신의 자화상을 그릴 정도로 자신이 하는 일에 몰두하였다.

조선 시대에 어느 하인이 서예에 미쳐서 평생 동안 집안 광에 숨어서 ‘닭 계’ 자를 땅바닥에 썼다. 그런데 어느 날 새벽 캄캄한 광속에서 ‘꼬기오’ 하는 닭의 울음소리에 주인이 나가서 광문을 열어 보니, 하인이 쓴 ‘닭 계’ 자의 글씨에서 닭의 울음소리가 나더라는 것이다. “지성이면 감천”이라는 말이 있다. 매사에 열심히 하면 하늘도 놀라서 도와준다.

얼마나 열정을 가지고 강력하게 희망하는가에 따라서 인생의 성공이 결정된다. 발명왕 에디슨은 수천 번의 실패를 거듭한 끝에 전구를 발명하였으며, 퀴리 부인 역시 라듐을 발견하기 위해 죽을 때까지 손에 입은 화상을 고치지 못하는 불치의 병에 걸릴 정도로 자신의 일에 미쳐 있었다. 인류 최초의 여류 비행기 조정사인 린다 아멜리아 이어하트는 “열정적으로 움직이지 않으면 이루어지지 않는다.”고 하였다. 이어하트는 비행기에서 실종되었지만, 그녀는 열정적인 삶을 산 본보기가 되고 있다. 비행기 조종의 개척자인 찰스 린드버그는 “시도가 없는 곳에는 어떤 사람들이 살고 있는지 궁금하다."라고 말했다.

영웅 나폴레옹은 "내 사전에는 불가능이 없다."라는 말로 유명하다. 나폴레옹을 영웅으로 만든 것은 무슨 일이든지 마음을 먹었으면 시도부터 하는 열정 때문이다. 세계 역사 교과서에도 나오지만, 나폴레옹은 겨울에 유럽의 험악한 요새인 알프스 산을 넘어서 공격하는 일을 시도하였다. 겨울에 알프스를 넘는 열정과 시도의 정신이 영웅과 일반인을 구별하도록 하는 단순한 차이인 것이다.

이와 같이 노벨상을 수상하는 사람과 그렇지 못한 평범한 사람의 차이는 바로 열정이 중요한 원인으로 작용한다. 부모들은 아이들이 매사에 열정적인 인간이 되도록 하는 교육을 해야 한다.

05

정의가 승리한다는
사고를 갖도록 교육하라

노벨 수상자를 가장 많이 배출하는 미국인들의 교육 중에서 가장 중요한 요소는 사회 정의다. 아이들이 사회 정의를 실현할 수 있는 인격자가 되기 위해서 노력한다. 서양 사회는 플라톤 사상을 사회 하부구조로 삼고 있다. 이는 동양 국가가 공맹사상을 바탕으로 하고 있는 것과 같은 맥락에서 이해할 수 있다. "서양 철학은 플라톤의 주석 붙이기에 불과하다."라는 말이 있을 정도로 플라톤의 사상이 강하게 작용하고 있다.

얼마 전 베스트셀러 작품이 된 마이클 센달의 『정의란 무엇인가』에서 정의에 대한 진정한 정의를 내리기가 어렵다는 것을 잘 보여주고 있다. 플라톤은 사회 정의를 지혜, 용기, 절제, 정의라고 본다. 지혜란 지혜롭게 인생을 살아가는 방법을, 용기란 모험을 의미한다. 그리고 절제란 억제를 통해 욕망에서 벗어나는 것을 의미하며, 정의란 사회 질서의 유지에 참여하는 것을 의미한다.

미국 교육에서 가장 중요한 요소가 바로 이 '정의'다. 미국에서는 사회 정의를 위한 교육을 대표하는 소설을 통해서 자녀 교육을 시키고자 한다. 미국을 대표하는 소설은 다니엘 호손의『주홍 글씨』, 멜빌의『모비딕』, 마크 트웨인의『톰 소여의 모험』,『허클베리 핀의 모험』, 제임스 페니 쿠퍼의『라스트 모히칸』즉『모히칸족의 최후 전사』와 피츠제럴드의『위대한 개츠비』의 6개 소설이다.

미국은 초기에 영국에서 이민 온 청교도들이 나라를 세웠다. 그들은 철저한 금욕주의를 바탕으로 한 국민정신을 원했다. 정의를 바탕으로 한 첫 번째 국민적 소설은 다니엘 호손의『주홍 글씨』다. 미국인들은 지금도 다니엘 호손을 영국이 낳은 세계적인 문호 셰익스피어에 비유하고 있다.

내용을 살펴보면, 미국의 시골마을에서 남편이 있는 유부녀와 신부와의 간통사건을 다루고 있다. 마을 사람은 두 사람을 마을 밖으로 쫓아내고 추방해 버린다. 이것은 미국의 자녀 교육에 있어서 불륜은 인간사회에서 영원히 도태시키자는 의도에서 나온 것이다. 미국인들은 자녀들이 절대로 이러한 불륜을 저질러서는 안 된다는 엄격한 교훈을 남기고 있다.

다음으로 미국인들의 자녀 교육에 크게 영향을 미친 소설로 멜빌의 소설『모비딕』을 들 수 있다.『모비딕』을 통해서 미국인들은 자녀들이 환경의 어려움을 극복해 나갈 수 있는 힘을 기르도록 만들었다.

'모비딕'은 바닷속에 있는 산채만 한 괴물고래 백경을 의미한다. 미국인들은 개척기를 통해서 유럽 전체 크기만 한 국토를 개척하기 위해서 필요한 것은 자연에 대한 지혜로운 대처라고 보았다. 미국인들은 자연을 단순히 낭만으로 보지 않는다. 바로 소설 『모비딕』을 통해서 자연을 극복하는 교육을 배운다.

다음 미국인들의 자녀 교육의 가장 기본이자 큰 지침서는 마크 트웨인의 『허클베리 핀의 모험』과 『톰 소여의 모험』이다. 미국인들이 가장 자랑스러워하는 정신은 프런티어 정신이다. 현재 미국은 유럽 국가들을 제치고 세계 패권국으로 자리 잡았다. 인류 역사상 로마 이래로 지구상에서 가장 강한 국가다. 미국을 세계 패권국으로 만든 것, 그리고 미국이 전 세계 노벨 수상자들의 거의 과반수를 휩쓸어 버리는 원인은 프런티어 정신 때문이다.

미국이 가장 자랑스러워하는 작가 마크 트웨인은 그의 작품 『허클베리 핀의 모험』과 『톰 소여의 모험』을 통해서 미국인들에게 프런티어 정신이 다시 살아나도록 불씨를 지폈다. 당시 미국은 초기 개척 단계를 거친 상태였기 때문에 국민들은 개척기에서 어느 정도 벗어나서 안주와 정착을 원하고 있었다. 이때 미국인들에게 다시 서쪽으로 나가도록 용기를 일깨워 준 정신이 트웨인의 용기이다.

미국인들은 자식 교육에서 모험을 중요시 여긴다. 모험은 용기를 바탕으로 하며, 용기는 정의를 기준으로 한다. 미국인들은 항상 '정의'라는 기준의 잣대를 갖다대도록 교육시킨다. 그래서 만일 상대의 행동이 정의에 어긋난다고 생각되면 결투를 신청한다.

미국인들은 『톰 소여의 모험』을 통해서 자녀들의 모험심을 길러 주고 있다. 현재까지 미국의 소년들이 가장 자랑스러워하고 많이 읽는 소설은 바로『톰 소여의 모험』이다.

   미국인들은 서부를 개척해 나가면서 인디언들을 무참히 살해한다. 인디언들은 기독교인이 아니므로 살해해도 정의에 어긋나지 않는다는 교육을 받고 자랐기 때문이다. 인디언들은 자연신을 믿었으며, 동시에 부계 중심이 아닌 모계 숭심의 사회를 형성하고 있었다.

   미국인들은 유럽에서 나오면서 기독교를 공민교로 믿었다. 미국인들은 하느님이 가장 사랑하는 천사 라파엘을 통해서 신천지 땅에서 하느님으로부터 두 개의 계시를 받았다는 사고를 가지고 있다. 하나는 명백한 운명과 다른 하나는 언덕 위의 도성을 쌓는 일이다. 명백한 운명은 기독교를 중심으로 하는 자유주의였고, 그 결과 기독교인이 아닌 자연신을 숭배하는 인디언은 사회 정의에 어긋나는 인종으로 생각하고 제거시켜야만 한다는 교육을 시켰다. 이에 따라 초기에 약 1천만 명에 가까운 인디언이 살해당했으며, 2천만 마리에 가까운 물소 버펄로는 거의 멸종위기에 처했다.

   이에 더불어 미국인들은 모험을 즐기도록 교육시켰다. 다음에 나타난 쿠퍼의 소설인『라스트 모히칸』즉『모히칸족의 최후 전사』를 통해서 미국인들은 인디언과 화해를 하도록 교육을 시킨다. 초기 인디언들과 싸움으로 인해서 원주민 인디언들이 멸종위기에 처하였다. 그 결과, 그들은 인디언을 동족으로 여기도록 교육시킨다.

   소설 속에서 미국 남성은 인디언 여인을 사랑하지만 결혼은 하지 않고 결국 친한 친구로 남는다. 여기에 한 단계 더해서 영화

〈가을의 전설〉을 통해서 인디언과 더욱더 가까워진다. 원주민인 인디언 땅을 빼앗은 미국인들은 자녀들에게 인디언에 대한 인간애를 느끼도록 교육시킨다. 정의의 기준의 사고를 바꾼 것이다.

마지막 소설 피츠제럴드의 『위대한 개츠비』를 통해서 미국인들은 자신들의 정체성을 찾고자 자녀들을 교육시킨다. 소설의 주인공인 개츠비는 마약과 밀주로 돈을 번다. 그리고 자신의 신분을 속이고 상류사회에 뛰어든다. 그러나 자신의 신분이 탄로 나자, 자살의 비극을 맞는다.

미국인들은 자녀들에게 정의에 어긋난 행동은 자신을 파멸의 길로 이끈다는 것을 철저하게 『위대한 개츠비』를 통해서 교육시킨다. 바로 지혜와 용기와 절제와 정의를 바탕으로 하는 미국식 자녀 교육이 현재 미국이 세계 노벨상 수상자의 과반수를 달하게 만든 가장 큰 요인이다. 정의롭게 사는 교육의 중요성을 잘 나타내고 있는 것이다.

06
네 안에 숨은
거인을 찾아라

자녀 교육을 위해서는 자녀의 강점과 약점을 가능하면 빨리 파악하여만 한다. 인간이라면 누구나 다 자신이 잘하는 것과 못하는 것이 있다. 피겨 스케이팅의 여왕 김연아 선수를 비롯하여 가요계의 독보적인 존재로 군림하고 있는 가수 이미자 같은 경우, 그들이 자신이 가지고 있는 남들과는 다른 특수성을 살려서 개발하지 않았더라면 과연 다른 분야에서 성공을 할 수 있었겠는가?

수년 전에 베스트셀러가 된 앤서스 라빈스의 저서『네 안에 잠든 거인을 깨우라』에서도 인간은 누구나 가지고 있는 천재적인 잠재성을 찾아내어 실력을 발휘하기 위해서 변화를 추구해 나가야만 한다는 점을 강조하고 있다. 인간은 누구나 개발하면 남보다 특수하게 드러날 수 있는 천재성을 가지고 있다. 그런데 대부분의 사람들은 그 천재성을 개발하지 못하고 그냥 두기 때문에 더 이상 발전하지 못하고 평범한 인간으로서 일생을 끝낸다.

"같은 물이라도 소가 마시면 젖이 되고 뱀이 마시면 독이 된다."

는 말이 있다. 또한 "돼지에게 아무리 좋은 노래를 열심히 가르쳐도 돼지 멱따는 소리밖에 들을 수 없다."는 말이 있다. 인간은 누구나 다 불완전성을 가지고 태어났다. 이 말은 인간은 누구나 다 장점과 약점을 가지고 있다는 것이다. 천지 창조주인 하느님이 인간에게 공평하게 재능을 주었음을 의미한다.

인간의 성공을 위해서 진정으로 필요로 하는 것은 자신의 강점과 약점을 살려서 계발해 나가는 일이다. 앞에서 이미 수차례 예를 들어서 설명한 세계적인 물리학자 아인슈타인이 자신의 강점을 일찍 발견하지 못했더라면, 그는 대학도 입학하지 못했을 것이다. 아인슈타인은 고등학교에서 물리 이외에는 전부가 다 낙제점수를 받아서 대학에 정상적으로는 들어갈 수 없었다.

대부분 성공하는 사람들은 자신이 가지고 있는 자질을 살려서 지속적으로 계발해 나갔기 때문에 성공이 가능했던 것이다. 따라서 부모는 가능하면 빨리 자녀들의 장점을 발견하여야만 한다. 자녀가 가지고 있는 장점을 약간 늦게나마 발견했다면 빨리 서둘러서 집중적으로 계발해 나가야 한다. 약간 늦었다고 생각하는 시기가 빠른 시기이다. 자녀의 자질을 개발시키는 경우에는 무한대로 거의 완벽에 가까우리만큼 발전할 수 있는 것이다.

인간은 누구나 다 팔방미인이 될 수는 없다. 따라서 자녀의 장점이 무엇인지를 빨리 파악해서 그쪽으로만 파고들어 가게 하도록 하면, 충분히 노벨상을 수상할 만큼의 성공이 가능하며 성공의 지름길이 눈에 보이게 된다. 또한 대부분의 사람들이 그러하듯이 자녀들은 자신이 좋아하는 분야에 종사할 경우, 인생에서 더 큰 행복을 느낄 것이다.

자녀 교육에서 늦었다고 생각되는 시기는 없다. 가능하면 어리면 어릴수록 자녀들의 안에 있는 숨은 거인을 찾아서 그쪽 분야에 집중하고 노력하여야만 한다. 이러한 경우 자녀들은 성공할 가능성이 크다고 할 수 있다. 비록 늦은 감이 있다는 생각이 들더라도 자녀의 강점이라고 생각되면 그쪽으로 방향을 전환하는 것이 바람직한 자녀 교육 방법이다.

07

듣기 위주가 아닌
표현하는 방식으로 교육하라

동양인들의 교육 방법을 살펴보면, '웅변은 은이요 침묵은 금이다.'라는 사고를 바탕으로 교육시킨다. 서양 교육을 바탕으로 하는 일본에서조차 빈 수레가 요란하다는 말을 사용한다.

미국 등 서양국에 유학 간 동양인들의 공통점은 수업 시간에 조용하다는 것이다. 어릴 적부터 가정에서나 학교에서 조용하게 자란 것이 습관화된 나머지, 질문을 하거나 발표를 하는 경우에도 그들의 인상은 아예 굳어 있다. 그리고 표현력도 자연스럽지 못하다. 반면 서양인들은 항상 자유스럽게 발표하고 표현한다.

유태인들은 가장 우수한 두뇌를 가진 민족이다. 동시에 전 세계 노벨상의 20퍼센트 이상을 휩쓸며 모든 분야에 가장 영향력을 행사한다. 그 이유는 바로 유태인식 교육 방법 때문이다.

유태인들은 항상 토론과 발표를 통해서 문제를 해결한다. 문제를 제기하고 발표하고 나서 문제의 결론을 내고 정답을 알아내는 방법이 바로 창의력 등을 키우는 데 가장 중요하게 작용한다.

따라서 항상 가정에서 아이들이 가만히 듣고 있도록 하지 말고, 아이들이 말을 하도록 하는 습관을 키워야만 한다. 가정에서 아이들이 대화의 주체가 되어야 한다. 부모는 아이가 주체가 되어서 말을 하도록 하고, 아이가 문제를 풀어 나가다가 막히는 경우에 도와주는 보조 역할만 하면 된다.

동서양을 막론하고 초기에는 모두가 다 대화식으로 교육을 하였다. 2500년 전 동양의 공자나 서양의 소크라테스의 교육 방식에 의하면, 교사는 문제만 제시하고 그 문제를 학생이 풀어 나가도록 도와주는 데 그쳤다. 이것을 소크라테스의 '산파술'이라고 하는데, 여기에서 산파란 임신부가 출산할 때 도와주는 사람을 말한다. 공자 역시 그의 애제자인 자사에게 문제만 제시하지, 실제로 문제는 제자와의 대화를 통해서 제자들이 스스로 문제를 이해하고 풀어 나가는 방법을 택했다.

그 후 서양의 가정에서나 학교에서는 모두토론식 수업 방법을 택하고 있다. 동양에서만 수업은 교사나 부모가 하고, 아이들은 단지 지식을 듣고서 암기하는 식의 교육을 받고 있다.

현재는 말의 시대로, 말을 잘해야 성공하는 시대다. 자신이 가지고 있는 것을 정확하게 남에게 전달하는 커뮤니케이션 능력이 뛰어나야 조직에 존재할 수 있다. 경영의 귀재인 잭 웰치는 세계 최고의 다국적 기업인 GE사의 직원들의 승진에서 가장 중요한 것은 업무를 요약해서 발표하는 프레젠테이션 능력이라고 말했다.

그런데 이러한 프레젠테이션 능력은 어릴 적부터 듣기 위주가

아닌 표현하도록 발표하는 습관에서 길러진다. 아이들의 상상력
과 창의력을 키우기 위해서는 듣기 위주의 교육에서 표현하는 교
육 방식으로의 전환이 필요하다.

08

수평 라인에 의존해야 한다는
교육이 필요하다

　다윈은 진화론에서 적자생존설을 주장하였다. 적자생존설이란, 환경에 잘 적응하는 생명체는 살아나고 그렇지 못한 생명체는 금방 멸종된다는 설이다. 사실상 지구에 비가 내리면서 많은 생명체들이 지구상에 태어났다. 이 중에서 일부는 아직까지도 지구상에서 존재해 나가고 있지만, 많은 생명체들이 지구상에서 살아남지 못하고 멸종하고 말았다.

　예를 들어, 엄청난 힘을 과시하면서 돌아다니던 매머드를 비롯한 거대한 몸집의 동물들은 현재 지구상에서 멸종했다. 반면에 가냘프고 나약한 생명체인 모기는 여유작작하게 지구상에 살아남아서 돌아다니고 있다.

　그렇다면 지구상에서 가장 강하고 어느 생명체와도 힘겨루기에서는 뒤지지 않는 매머드는 왜 멸종하고 그 흔적을 가까스로 화석을 통해서 알 수 있는가? 다윈의 적자생존설은 바로 현재 인간 사회에서도 그대로 적용되어 나타나고 있다.

자녀들이 노벨상을 수상할 정도로 성공하기 위해서는 조직에서 자신의 능력을 주변 사람들의 능력과 맞추어서 발휘하여야 한다고 교육해야 한다. 남보다 너무 뛰어난 경우에는 자칫 소외당하는 수가 있다.

　"장님 나라에서는 애꾸가 왕이다."라는 말은 통하지 않는다. 애꾸눈 나라에서는 두 눈을 가진 사람이 장애자이자 병신으로 취급받게 된다는 것이다. 애꾸만 모여 사는 집단에 정상적으로 두 개의 눈을 가진 사람이 더 멀리 정확하게 본다고 날뛰는 경우에는 미친 사람으로 몰려 죽임을 당하고 만다. 모기는 스스로 약하다는 것을 터득하였기 때문에 다른 생명체에 붙어서 피나 빨아 먹지, 만일 더 이상의 욕심을 부렸더라면 멸종하였을 것이다.

　철학자 파스칼은 그의 저서 『팡세』에서 약한 인간이 강한 우주를 지배하는 것은 인간은 자신이 약하다는 것을 알고 있으며, 우주는 자신이 강하다는 것을 모르기 때문에 강한 우주가 약한 인간에게 지배를 당한다고 말한다. 그러기 때문에 "인간은 생각하는 갈대인 것이다."라고 말하고 있다.

　그렇다면 10대와 20대는 학교나 조직에서 수평 라인과 수직 라인 중에 어느 쪽에 중점을 두고서 의존해 나가야 성공하는가? 수직 라인이란 상하 관계에 있는 사람과의 관계를 의미하므로 학교에서는 선생님과 학생과의 관계를, 직장에서는 직장 상사와의 관계를 말한다.

　대부분 성공하기 위해서는 자신보다 높은 지위에 있는 선생님이나 직장 상사와의 관계가 가장 중요하다고 생각한다. 그리고 자신과 경쟁 관계에 있는 동급생이나 직장에서 함께 일하는 같은 계급의 동료들은 무시하고 중요하지 않다고 생각한다.

그러나 자신이 성공하고 진짜 본게임에 진출하기 위해서는 수평 관계에 있는 동료나 학교의 급우들로부터 신뢰와 존경을 얻어야만 한다. 직장 동료가 불이익을 당할 경우 직장 상사에게 달려들 수 있는 용기가 필요하다. 또한 자신의 상사에게도 경우에 따라서는 '아니요.'라고 반대의 의견을 낼 수 있는 용기가 필요하다.

결국 자신의 불이익을 감수하고 동료를 위해서 용기를 가지고 나서는 경우, 그 사람은 오픈게임을 무난히 통과하여 진짜 본게임에서 승리하는 승자가 된다. 단순히 눈에 보이는 자신의 이익만을 위해서 상사 편에 선 사람은 결국 본게임에서는 탈락한다. 항상 장기전을 내다보는 사람이 되도록 자녀들을 교육시켜야만 한다.

09

물고기를 잡아 주지 말고
물고기 잡는 법을 가르쳐라

유태인 속담에 "아이들에게 물고기를 잡아 주면 하루 양식거리를 주는 것이다. 그러나 물고기 잡는 법을 가르치면 평생 양식거리를 줄 뿐만 아니라 남까지 먹여 살릴 수 있다."라는 말이 있다. 물고기에 대해서 교육을 할 때에도 물고기가 우리 몸에 필요한 단백질 등 다양한 양분을 공급한다는 등의 이론적인 교육을 할 것이 아니라, 물고기를 가지고 와서 직접 물고기를 아이들에게 보이면서 설명하여야만 한다. 그렇지 않으면 주입식 교육에 그치게 된다.

물고기에 대한 동양인들과 서양인들의 교육 방법을 살펴보면, 한국인을 비롯한 동양인들은 교사가 자신이 공부한 것을 학생들에게 주입식으로 가르치는 것에 그친다. 직접 물고기는 보여 주지 않는다. 반면 서양인, 특히 영국인들은 물고기를 잡아 와서 그것을 가지고 어린이들에게 직접 보여 주면서 물고기에 대한 교육을 한다. 또한 미국인들은 물고기를 직접 가지고와서 그것을 보여 주고 교육하며, 여기에 더해서 물고기를 직접 잡는 낚시 법을 가르친다.

『에밀』에서 장 자크 루소는 동양인들의 교육 문제는 단순히 앉아서 암기하는 방식에서 탈피하지 못하는 데 있다고 비판한다. 미국인들이 노벨상을 많아 받는 이유가 바로 이런 점이다. 영국이나 독일이 미국을 따라가지 못하는 이유가 바로 영국의 경험주의와 독일의 관념주의적 사고 때문이다.

영국의 경험주의는 실지 체험을 통한 교육이다. 독일의 관념주의는 사물에 대한 이론적인 분석을 중심으로 한다. 그러나 미국의 실용주의는 실생활에의 활용성을 가장 중요시 여긴다. 그렇다면 유태인은 어떤가? 유태인 역시 실용주의에 가까운 사고를 가지고 있다.

미국의 실용주의는 아이들이 강이나 바다로 견학을 가는 경우, 강의 경치나 바다의 경치의 아름다움을 토론하기 전에 먼저 강의 물살이 센 곳과 약한 곳부터 가르친다. 그리고 다음에 강과 바다의 아름다움을 가르친다. 그다음 가장 중요한 것은 미국인들은 강이나 바다에서 살아남기 위해서 수영을 반드시 가르친다는 점이다. 결국 실용성을 바탕으로 하는 이중효과를 얻게 되는 것이다.

그러면 유태인들의 교육 방법은 어떤가? 자식들에게 재산을 나누어 줄 것이 아니라 재산을 증식시킬 수 있는 지혜를 가르치라는 것이 바로 유태인들이 가지고 있는 교육적 사고다. 유태인들은 재산을 물려주는 것을 물고기를 나누어 주는 것과 같다는 생각을 가지고 있다. 물고기를 잡아서 주면 며칠은 살 수 있다. 그러나 물고기를 잡는 지혜를 가르치는 경우, 평생 먹고 남까지도 먹고살 수 있도록 한다는 것이다.

한 유태인 랍비가 돈 많은 부자 두 사람과 함께 배를 타고서 강을 건너가고 있었다. 여기서 '랍비'란 유태교의 율법을 따르는 사람을 지칭하는 말로, 돈보다는 지식과 지혜를 바탕으로 사는 유태인을 말한다. 그런데 이들 두 유태인 부자들은 자신이 돈이 많은 것에 대해서 돈 자랑을 열심히 하고 있었다. 그 두 부자는 자신이 평생 동안 호화롭게 살 수 있다고 자랑하고 하였다.

그런데 얼마 후, 돈 많은 두 부자는 사기꾼에게 걸려서 가지고 있던 재산을 몽땅 다 날렸고, 하루아침에 거지가 되었다. 그러나 지식을 가지고서 그 지식을 지혜롭게 사용하는 그 랍비는 지식 하나만 가지고 평생 동안 아무 걱정 없이 잘 살았다.

이처럼 유태인 부모들은 자식에게 절대로 물고기와 같은 돈을 주지 않는다. 그 대신 물고기를 잡는 방법, 즉 돈을 버는 방법을 가르친다. 이것이 바로 유태인들이 전 세계 돈의 상당수를 가지고 있으며 동시에 노벨 수상자를 전 세계 20퍼센트 이상 배출하는 교육 방법이다. 한국에서도 노벨상 수상자를 많이 배출하고 자녀들이 일생 동안 평안하게 살기 위해서는 재산을 물려줄 것이 아니라, 지식과 지혜를 물려주어야 할 것이다.

10

돈의 중요성과 철학을
모두 가르쳐라

　유태인 속담에 이런 이야기가 있다. 한 유태인이 죽으면서 저승에 가져갈 노잣돈을 친구들에게 부탁했다. 그러자 제일 먼저 미국인 친구는 10달러를 현금으로 내놓았다. 그다음에 영국인 친구는 10달러를 수표로 내놓았다. 마지막으로 유태인 친구는 20달러를 수표로 내놓으면서 앞에 미국인 친구가 내놓은 10달러를 가지고 갔다.

　이것은 무엇을 말하는가? 바로 유태인들이 가지고 있는 사고인 현금의 중요성을 의미한다.

　돈의 중요성을 가르치라는 것은 아이에게 물질의 중요성을 이해시켜야 함을 뜻한다. 요즈음 금수저와 은수저에 대한 이야기가 사회적으로 많이 대두되고 있다. 금수저에 대한 논란은 한국 사회가 그만큼 부모나 교사가 자식이나 제자들에게 교육을 잘못시켰다는 것을 의미한다.

금수저란 부모의 재산을 물려받아서 평안하게 사는 것을 말한다. 그러나 아무리 큰 재산을 가진 재벌이라도 자식에게 물려주는 경우, 대부분이 얼마 못 가서 그 재산을 다 날려 버린다. 재산은 모으기 힘들다. 그러나 그보다 더 힘든 것은 재산을 유지해 나가는 것이다.

재벌그룹이라고 할지라도 다음 세대까지 가는 경우가 드물다. 한국 굴지의 재벌인 진로그룹을 비롯하여 쌍용 등 많은 재벌들이 2세대에 가서는 몰락하고 말았다. 하물며 약간의 부동산을 물려받은 졸부들은 말할 것도 없이 금방 다 말아먹고 만다. 그 정도 재산은 안 주느니만 못하다.

삼성이나 현대 같은 다국적 재벌은 2세대까지는 버틸 수 있다. 그러나 문제는 부동산 투기 등으로 갑자기 약간의 졸부가 된 경우가 가장 심각한 문제다. 대부분 그 자식들은 부모의 재력을 믿고서 일을 소홀히 한다. 그리고 부모는 자식들에게 어느 정도 사업자금을 준다. 그러나 부모로부터 물려받은 사업자금은 얼마 가지 못한다. 자신이 직접 힘들어서 번 돈이 아니기 때문에 사무실 임대부터 남에게 보이기 위해서 거창하게 꾸미다가 결국 얼마 가지 못해서 부모가 준 돈을 순식간에 다 탕진한다.

얼마 전 한국 최고의 재벌그룹인 현대 건설의 정몽헌 회장의 자살, 진로그룹의 장진호 회장의 외국에서 떠돌이 생활과 죽음 등을 비롯하여 대기업 2세 총수들도 하루아침에 다 날리고 거지가 되었다. 또 얼마 전 삼성 이병철 회장의 둘째 아들 이창희 회장의 아들, 즉 삼성 재벌가 3세가 자신의 집 아파트에서 자살했다. 그는 옆집 슈퍼에서 백만 원의 외상 빚을 지고 있었다. 재벌 총수 2세들의 비참함이 이 정도면, 부동산 투기로 약간 돈을 번 부자들의 자녀들은 말할 필요도 없다. 차라리 돈이 없는 집 자식들이라면 그는 팔을 걷어붙였을 것이다. 그리고 스스로의 노력으로 부자가 되었을 것이다.

인간은 누구나 다 발을 편안한 쪽으로 뻗고 싶어 한다. 부모 역시 자식에게 자신이 가진 것을 주고 싶어 한다. 그런데 얼마 전 한국에서 유산 물려주지 말기 운동을 벌인 일이 있었다. 그 이유는 바로 자식들에게 물려주는 재산이 약이 되는 것이 아니라 오히려 독이 되기 때문이다.

미국 등 선진국에서 재벌들은 2세들에게 돈의 중요성을 알려 주는 혹독한 교육을 시킨다. 케네디가는 증조할아버지가 영국에서 이민 와서 시카고에서 큰돈을 벌었다. 그러나 그 자손들에게는 20살 성인이 될 때까지 절대로 돈을 주지 않는다. 햄버거 가게에서 아르바이트를 비롯하여 접시 닦기와 청소부 등을 하면서 돈 벌기가 힘이 든다는 것을 알도록 만든다.

지미 카터 전 대통령도 부모들이 조지아 주의 땅콩 농장에서 큰돈을 벌었다. 카터의 부모들은 카터가 5살 때부터 땅콩을 팔도록 내보냈다. 이것은 바로 산교육이다. 돈이 없는 경우에는 힘이 들기 때문에 부모에게 의지하지 않고 혼자 돈을 버는 습관을 기르도록 훈련시키는 일이 매우 중요하다.

앞에서 이야기한 유태인들의 돈에 대한 유머러스한 이야기는 유태인들의 사고방식을 잘 보여 준다. 유태인들은 자신들의 상징으로서 모자를 쓰고 다니는데, 그 모자 속에 주머니를 만들어서 그

속에 다이아몬드나 귀금속을 넣고 다닌다.

또 유태인들은 미국에서 흑인들이 사는 곳에 가게를 연다. 흑인들이 사는 할렘가는 무법천지이지만 돈은 잘 모을 수 있다. 그렇게 종잣돈을 모은 유태인들은 본격적인 사업을 한다. 그 결과, 현재 전 미국 돈의 약 10퍼센트를 유태인들이 가지고 있다.

세계 최고의 석유 다국적 기업인 엑슨 석유회사를 비롯하여 9·11 테러를 당한 세계무역센터 빌딩 등이 전부 유태인 소유의 건물이다. 유태인들의 이러한 돈의 중요성에 대한 사고방식은 결국 아이들이 훌륭한 인물로 성장하는 데 결정적인 역할을 한다.

여기서 가장 중요한 것은 돈은 피와 같이 필요한 것이라는 점이다. 따라서 돈에 대한 철학을 가르칠 필요가 있다. 자본주의 사회에서는 "돈을 개같이 벌어서 정승같이 쓰라."는 말이 있다.

돈을 버는 방법에서 가장 중요한 것은 부정을 저지르지 않는 방법을 가르치는 것이다. 기업에서 분식회계 등을 통한 투명하지 못한 방법 등을 사용하는 경우 인생을 망친다는 것을 어릴 적부터 가르쳐야만 한다. 요즈음 한국에서 전직 부장판사나 검사장 등이 벤처기업들로부터 뇌물성 돈을 받는 바람에, 평생 자신이 닦아 온 명예를 하루아침에 날리고 철창신세를 지고 말았다.

이처럼 돈이란 추한 것이다. 투명성이 없는 기업들도 이제는 성공할 수 없는 사회로 만들어야만 한다. 자녀들에게 돈의 중요성을 가르치되 정의롭게 돈을 버는 돈의 철학과 정신 교육이 필요하다.

11
리더십 교육을
시켜라

　가족주의를 바탕으로 하는 동양 사회에서는 장자 위주로 혈통을
이어 나왔다. 장손이 문중을 이끌어 나가야 하기 때문에 장손 하
나만 중요시 여겼고, 장손에게만 리더십 교육을 가르쳤다. 실제로
종친회에서도 장손만 리더십을 발휘할 수 있는 강력한 권한을 가
지고 있었다.

　현대는 점차적으로 'Me' 시대가 아닌 'We' 시대가 되었다. 따라
서 노벨상 수상자들도 공동 수상자가 늘어나고 있다. 여기에 더해
서 개인보다는 단체에 노벨평화상을 비롯한 상을 수상하고 있다.
따라서 현대 사회에서는 노벨상 등을 비롯하여 사회적으로 훌륭한
업적을 남기기 위해서는 자녀들에게 리더십을 가르쳐야만 한다.

　리더십은 인간뿐만 아니라 동물들에게도 중요하다는 사실을 예
를 들어 확인할 수 있다. 하늘에서 철새들이 이동하는 모습을 쉽
게 볼 수 있을 것이다. 그 철새들을 자세히 관찰하면, 이동할 때

반드시 앞에 리더가 있으며, 그 주변을 기역 자로 만들어 이동한다. 만일 사냥꾼이 총으로 기역자 모양을 그리면서 이동 중에 있는 철새 떼들 중에서 한 마리를 총으로 쏴서 떨어뜨린다면, 그 철새 떼의 무리들은 과연 어떻게 될까?

거의 대부분의 사람들은 총에 맞은 그 새가 땅으로 떨어지는 순간, 무리를 지어서 하늘을 날던 새 떼들은 순식간에 흩어지고 각각 다른 곳으로 날아가 버린다고 생각할 것이다. 그러나 사실은 사냥꾼이 쏜 총에 맞아 떨어진 새의 자리를 메우기 위해서 뒤따라오던 새가 앞으로 다가가서 그대로 행군을 계속해 나간다.

바로 이것이 철새들이 수천 리 먼 길을 갈 수 있는 리더십 정신인 것이다. 만일 이러한 정신이 없었다면, 그 철새들은 이미 이 세상에서 존재하지 못하고 사라졌을 것이다.

또 한 가지 예를 더 들면, 수년 전에 고지대의 절벽에만 붙어서 사는 수백 마리의 산양 떼들이 절벽에서 뛰어내려서 자살했다는 사실이 세계 뉴스에 나왔다. 그 원인을 조사해 본 결과, 그 산양 무리들 중에서 한 마리가 절벽에서 뛰어내렸기 때문에 다른 산양들도 같이 뛰어내려서 죽었다는 것이다.

또 TV를 통해서 아프리카 밀림지대에 사는 얼룩말을 비롯한 야생동물들이 다른 곳으로 이동 중에 강물을 건너야 할 곳에서 다들 주춤거릴 때, 한 마리가 강물 속으로 뛰어들어서 강을 건너기를 시도하는 순간 다른 동물들도 강물 속으로 동시에 뛰어 들어가는 사실을 목격할 수 있다. 이처럼 인간이 아닌 동물 세계에서도 리더십은 매우 중요하다.

아리스토텔레스는 인간은 사회적 동물이기 때문에 절대로 혼자서는 살 수가 없으며 죽는 날까지 사회생활을 하여야만 하는 운명을 타고났다고 한다. 사회생활을 해나가기 위해서 사회생활에서 필요한 것이 리더십이다. 리더십이 인간관계를 바탕으로 하기 있기에 인생에서 점차적으로 더욱더 큰 비중을 차지하고 있다.

아리스토텔레스의 스승이자 소크라테스의 제자인 플라톤은 리더십을 예술 중의 예술로 보고 있다. 플라톤은 그의 명저『공화국』에서 리더십에 대해서 상당한 비중을 두고 있다. 플라톤은 최고의 통치자는 철인이어야 하는 철인통치 정치를 주장하였다. 철인은 덕이 곧 지식이라는 생각에 덕을 바탕으로 한 통치를 하기 때문에 철인만이 훌륭한 리더십을 발휘할 수 있다는 것이다.

플라톤은 철인이 대중들에게 하는 리더십, 장군이 부하 군인들을 통치하는 리더십, 선생이 학생들에게 하는 리더십, 종교인이 교인들에게 하는 리더십, 의사가 환자에게 하는 리더십, 목동이 양들에게 하는 리더십 등 여러 종류의 리더십에 대해서 논한다. 리더십은 대상에 따라서 다르게 발휘하여야 한다는 것이 그의 주장이다. 만약 철인이 군인들에게 일반 대중들에게 맞는 리더십을 발휘하는 경우, 그 리더십은 효력을 발휘하지 못한다는 것이다.

플라톤이 말하는 리더십은 조직의 특성에 맞는 리더십을 발휘하여야 하며, 자신의 위치에 따라서 다른 리더십을 발휘하여야 리더십이 효력을 발휘할 수 있다는 것이다. 플라톤은 리더십은 인간을 통치하기 때문에 가장 힘든 예술이며, 가히 예술 중의 예술이라고 평가하고 있다.

현대 조직은 리더십을 필요로 한다. 리더는 아주 특별한 경우는 타고난다. 구약에 나오는 이스라엘 민족의 초대 왕으로 추대된 사울이나 다윗왕의 아들 솔로몬은 타고난 리더들이었다. 이들의 리더십을 '카리스마'라고 하는데, 솔로몬 왕이나 사울 왕과 같이 하늘에서 부여한 능력으로서 타고난 리더십을 가진 리더들을 말한다.

대부분의 사람들은 선천적으로 타고난 것이 아니라 후천적인 노력에 의해서 리더십이 만들어진다. 훌륭한 리더는 플라톤이 말하는 것과 비교해서 지혜롭고 용기와 절제와 정의를 바탕으로 한 리더십을 공통적으로 요구하고 있다.

리더십의 기본은 결국 훌륭한 인간관계를 바탕으로 한다. 영국의 유명한 정치인 디즈레일리는 자신은 그들의 리더이므로 그들을 따라야만 한다는 말을 하고 있다. 지배자가 아닌 종으로서 섬기는 리더십의 중요성에 대해서 말하고 있다.

타고난 리더십에 대해서 최초로 '카리스마'라는 말을 사용한 막스 베버는 20세기의 카리스마는 색다른 생각과 아이디어로 조직을 이끌 수 있는 리더십을 말한다고 설명한다. 그는 "리더에게 필요로 하는 리더십은 열정과 용기와 비전이다."라고 리더십에 관한 정의를 내린다. 이렇게 볼 때, 현대의 막스 베버가 보는 리더십과 고대의 플라톤이 보는 리더십은 거의 일치하는 공통점을 가지고 있다.

그들이 주장하는 공통점은 바로 열정과 용기와 비전이다. 플라톤은 그의 유명한 동굴론에서 리더는 수천 길 깊고 캄캄한 동굴 속에 갇혀서 쇠사슬에 묶여 있는 사람들을 위험을 무릅쓰고 내려가 구해 내서 밝은 세상으로 인도해야만 하는 의무를 지니고 있다.

이것은 리더는 위험한 동굴로 뛰어 들어갈 수 있는 용기를 가지고 있어야 한다는 것이다.

다음으로 리더는 동굴 속에 갇혀서 절망에 빠져 있는 사람들에게 밝은 세상으로 인도할 수 있는 비전을 제시할 수 있어야 한다는 것이다. 마지막으로, 리더는 동굴 밖으로 나온 사람들에게 비전을 제시함과 동시에 그들이 활발하게 활동할 수 있는 열정을 불어넣어야 하며, 리더 자신이 열정을 가지고 있어야 한다는 것이다.

막스 베버의 카리스마나 고대 플라톤의 통치술이나 현대사회가 요구하는 리더십은 공통점을 가지고 있다. 현대인들이 조직에서나 사회에서 훌륭한 인간관계를 바탕으로 한 리더십을 발휘하기 위해서는 자신이 스스로 조직의 특성과 위치에 맞추어서 자신에게 적합한 리더십을 끊임없이 개발해야 한다.

현대의 디지털 혁명으로 인해서 전 세계는 새로운 변화의 바람을 요구하고 있다. 이에 따라 조직도 새로운 형태로 변화를 추구하고 있다. 기존의 피라미드형에서 종 모양에 럭비공을 올려놓은 모양으로 변해 가고 있는 것이다. 조직원들도 변화의 바람에 맞추어서 변화를 시도해 나가야 조직에서 살아남을 수 있다.

변화는 조직에서 팀장인 리더를 중심으로 조직원 개개인이 변화의 바람을 주도해 나가야만 한다. 조직원 스스로가 변화를 할 때, 조직 전체의 혁신의 바람을 불러오고 국가 전체의 혁신의 바람을 몰고 온다.

노벨상을 수상하기 위해서는 조직에서 혼자만 성공하는 엘리트가 되어서는 안 된다. 조직과 자신이 생사를 같이하고 자신의 성공을 향해서가 아닌, 조직 전체의 성공을 위해서 달려 나가는 정신이 필요하다. 이것이 바로 현대의 리더십이다. 자녀들이 혼자만의 성공을 향하는 달려 나가는 교육을 시켜서는 안 된다. 조직 전체와 사회의 성공을 향해서 일하고 달려 나가는 가정 교육이 필요한 때이다.

12

평생 공부를 위해
어릴 때는 충분히 놀게 하라

    세계 유치원 창시자인 독일의 프뢰벨은 어릴 적에는 공부를 시키는 대신 놀이기구인 은물을 가지고 놀도록 하였다. 입방체 놀이기구를 기프트, 즉 선물이라고 한다. 또한 입방체 등의 놀이기구를 가지고 노는 과정에서 자신이 익숙할 때까지 반복하여 잘못을 스스로 깨닫는 방법이 최선의 방법이라고 한다.

    또한 유치원 등에서 같은 또래의 아이들과 손을 잡고서 원을 그리면서 노는 놀이가 필요하다고 말한다. 그 이유는 놀이 과정에서 자신이 속한 조직에서 존재감을 확인할 수 있기 때문이다. 만일 자신이 다른 아이들과 함께 원형을 만들어서 노는 경우, 자신이 빠지면 원을 그린 것이 훨씬 작아 보인다는 것이다. 따라서 자신이 그 놀이에서 중요한 역할을 한다는 것을 알 수 있기 때문이다.

    장자크 루소는 아이들이 열두 살이 될 때까지는 책을 너무 가까이 하지 못하도록 하고 있다. 루소는 그의 교육론을 소설화한『에밀』에서 아이들이 너무 일찍 책을 가까이하고 책에 빠질 경우, 공부에 싫증을 느낀다고 말한다. 이에 반해 우리나라는 조선시대부터 아이들을 서당에 보냈다.

서양 사회는 아주 대조적이다. 아이들이 어느 정도 성장할 때까지는 공부를 시키지 않았다. 현재 일본 역시 서양식 교육 모델을 받아들여서 어린 시절에는 공부를 시키지 않는다.

한국은 입시 제도를 바꾸기 전까지 초등학교 학생들에게 대학생들보다 더 많은 공부를 시켰다. 초등학교에서 중학교에 들어가는데도 상당수 학생들이 재수를 하였다. 특히 서울에서 세칭 '일류학교'라는 곳은 서울뿐만 아니라 지방의 학생들까지 몰려들었다. 그리고 초등학교 6학년이 되면 학교에서는 매일 하루 종일 시험만 보게 했으며, 공부 과목을 암기시켰다.

그러나 그 결과는 어떠한가? 초등학교부터 공부만 한 어린이들은 커서 대학교만 들어가면 공부가 끝난다. 고등학교까지만 입시가 있기 때문에 일단 대학만 들어가면 그때부터는 공부에서 자유로워지기 때문이다. 그러한 까닭에 실력도 고 3때가 최고이고, 대학부터는 실력이 점점 줄어든다.

인생에서 공부는 고 3때까지라고 보면 된다. 그 이유는 어린 시절에 너무 공부에 스트레스를 많이 받았기 때문이다. 초등학교 1학년부터 고등학교 3학년까지 무려 12년 동안 공부에 대한 압박감으로 이미 공부는 지쳐 버렸다. 공부라는 말만 들어도 스트레스다. 그 결과, 대학에서는 공부를 하지 않고 대학원은 들어가지 않는다.

그러나 진짜 공부는 대학에서부터다. 미국 학생이나 서양 선진국 학생들은 입시제도가 그리 어렵지 않다. 따라서 대부분 학교에서 배우는 것으로 끝내며, 책가방도 그냥 학교에 두고 다닌다. 진짜 공부는 대학과 대학원에서 시작된다. 미국에 유학 간 한국 학생들이 놀라는 사실은 미국 학생들은 대학에서 엄청난 양의 공부를 한다. 이들이 결국 노벨상을 수상하게 된다.

동양에서는 일본이 미국의 명문 대학에 많이 다니는 편이다. 일본 역시 한국과 비슷하게 입시제도가 치열하기는 하지만, 일본도 중학교 때까지는 놀다가 고등학교 때부터 공부를 시킨다. 미국보다는 약간 빠르기는 하지만, 한국에서 초등학교 때부터 공부를 심하게 시키는 것과는 단연 차이가 있다. 이를 한국이 현재 노벨 수상자가 한 명도 나오지 않는 것과 같은 맥락에서 이해할 수 있다.

한국도 이제는 입시제도가 많이 변화되었다. 고등학교까지는 입시제도가 무시험제도다. 단지 특수학교인 과학고와 외국어고등학교에는 입학시험이 있다. 그러나 가능하면 이것도 없애야만 한다. 과학고나 외국어 고등학교를 나온 학생들은 너무 전문화된 학생을 양성하는 수업기관으로, 자칫 좁은 인간으로 만들 수 있기 때문이다. 루소의 말과 같이 어린 시절에는 평범하게 공부하는 방법이 최선의 선택이다.

다음으로 학생들이 사회에 나가서 필요한 리더십을 위해서 학교에서 반장을 하는 것이 필요한가 하는 문제이다. 어린 시절에 반장을 하는 것은 책임감과 부담감을 더해 준다. 그 결과, 대부분 아이들은 나이보다 생각이 많아지고 반장이라는 책임감 때문에 행동이 부자유스러워진다. 또한 반장을 하던 아이들도 반장을 하지 않게 되면 실망감과 허탈감에 빠지는 수가 많다. 그러다 보면 자신이 반드시 조직에서 드러나야만 한다는 사고에 빠져 이상한 행동으로 자신의 존재감을 과시하는 수가 있다.

동시에 선거에 의해서 뽑힌 경우에는 다른 아이들에 비해 라이벌 의식이 강한 아이로 성격이 변하는 수가 허다하다. 다른 학생을 꺾고서 리더가 되어야만 한다는 의식과 습관이 생기면서 사회에 대한 적응력이 떨어질 위험이 있다.

대부분 사회에서 지도자가 된 인물들은 어린 시절에는 반장 같은 감투와는 거리가 먼 아이들이었다. 아프리카의 성자인 슈바이처 박사를 비롯하여 정치 지도자인 처칠 등 많은 인물들은 어린 시절 반에서 반장 등 감투를 쓰지 않은 평범한 아이로 성장하였다는 사실을 기억하자.

13

지나친 자유방임식 교육이
망친다

미국의 이민 초기인 1600년대의 교육 방식은 매우 엄격하였다. 영국의 옥스퍼드 교육 방식 역시 전통과 규율을 중시했다. 초기 미국은 청교도 정신의 금욕주의적 교육으로, 절제를 중시하였다. 그러다 미국은 물질만능주의로 흘러들면서 자녀들의 교육 방법 역시 물질주의로 흘러들었다.

이러한 물질주의로부터 다시 인간 본연의 교육 방식을 원하던 인물은 목사이자 철학자인 랄프 왈도 에머슨이었다. 그는 인간이 가지고 있는 재산은 하늘에서 눈이 내리는 것과 같다고 설명했다. 눈이 하늘에서 내릴 때는 똑같으나 바람 때문에 눈이 많이 쌓이는 곳과 적게 쌓이는 곳으로 분산된다. 인간의 재산도 마찬가지여서, 처음에는 같은 재산도 사람이 돈을 모으는 기술에 따라서 달라진다.

그러나 물질은 단지 물질에 불과하다. 중요한 것은 정신이다. 정신을 바로 갖기 위해서 필요한 사고가 바로 '초절주의'다. 이에 따라 자녀들의 교육에도 바로 초절주의를 바탕으로 한 엄격한 교육 사상을 주입시켰다.

　미국은 이차대전이 끝이 나면서 전 세계에서 가장 풍부한 사회로 접어들었다. 전 세계 물자의 과반수에 가까운 약 43퍼센트가 미국에서 생산되었다. 미국인들의 자녀 교육은 완전 자유방임주의식으로 변했다. 이러한 자유방임식 교육 방법을 크게 선동한 인물로 미국의 교육철학자 존 듀이를 들 수 있다.

　존 듀이는 기존의 교육 방식에서 벗어난 교육 혁명을 일으켰다. 그는 교육의 주체를 철저하게 학생 위주로 변경한 것이다. 학생에게 일률적으로 일임하는 자유방임주의식 교육 방법을 택하면서, 교사는 단순히 보조수단에 불과했다. 기존의 교사 위주의 교육 방식에서 벗어난 미국 교육은 민주주의 사상과 맞물리면서 크게 호응을 받았다.

　그러나 학생 혼자 모든 일을 할 수 있도록 하는 교육 방법은 결국 한계에 도달하였다. 학생들은 공부와는 점차적으로 거리가 멀어졌다. 특히 이차대전 이후 미국은 베이비부머 시대에 돌입하였다. 부모들은 경제공황으로 인해서 힘들었던 자신들의 생활을 자식들에게 물려주고 싶지 않아 했고, 이에 따라 자녀들은 점점 나약한 인간으로 변했다. 물질적 풍부 속에서 정신적으로는 나약한 인간으로 변화되고 있었던 것이다.

　미국 정부는 아이들의 입맛에 맞추어서 입시 제도를 쉽고 편하게 만들어 주었다. 대학 정원 숫자를 대폭 증가시키면서 대학도 무난히 들어갔다. 그러나 국제 사회에서 경쟁력에 있어서 밀리기 시작하였다. 특히 수학 등 모든 국제경시대회에서 미국이 가장 하위였다. 동시에 미국은 점차적으로 20세기 초부터 시작된 강력한 세계 패권국에서 서서히 밀리기 시작하였다. 이것은 국력은 강한 교육력을 바탕으로 한다는 것을 잘 보여 주었다.

더 이상 학생들이 주체가 되는 교육 방법을 유지해 나갈 수 없었던 미국은 학생 중심에서 교사에게 편중되는 교육 방법으로 전환하기 시작하였다. 1970년대부터 시작된 미국의 교육법 개혁으로 인해서 1980년대 미국은 또다시 세계 패권국으로 등장하기 시작하였다. 미국의 교육 방법이 국력에 미치는 영향이 얼마나 큰지를 잘 보여 주는 사례이다.

'맹모삼천지교'라는 말이 있다. 필요하면 엄하게 교육하라는 것이다. 맹자 어머니는 자식 교육을 엄하게 시켰다. 한국에서도 대부분 학교의 교사를 비롯하여 교육에 관심이 많은 사람들은 자식 교육을 엄하게 시켰다.

교육은 가정 교육의 한 수단이었다. 장유유서를 비롯하여 서당에서는 서당의 훈장은 학생들에게 매를 들고 다녔다. 그런데 이렇게 학생들을 엄하게 교육시키면서 부작용이 생겼다. 너무 엄하게 매를 들고 교육을 시키는 경우, 대부분의 아이들이 융통성이 없는 아이로 성장한 것이다. 다시 말하면, 엄하게 자란 아이들은 결국 큰 인물로 성장하지 못하고 만다는 것이다.

그러던 것이 해방 이후 점차적으로 교육 방법이 변화되었다. 주로 서구식 물을 먹은 집안에서는 자식들을 서구식으로 교육시켰다. 다시 말하면, 민주주의적 방법을 택하였다. 할아버지는 손자에게 아주 자유방임식 방법으로 교육을 하였다.

그런데 문제는 대부분 이렇게 자란 아이들은 사회에서 사교적으로 성장하기는 하였으나, 자신만 알고 할아버지나 집안의 어른들에게 효도를 하지 않는 인간으로 변했다는 데 있다. 할아버지나 아버지에 대한 효도나 공경이 아닌 집안에 소위 위계질서 등이 사라진 것이다.

이러한 배경 아래 "귀엽게 자란 자식치고 효자 없다."는 말이 등장했다. 할아버지가 손자를 귀여워하자, 철없는 손자는 할아버지의 수염을 잡아당기는 사례가 발생하였다. 가장 존경해야 할 선생님에게 달려들고 선생님 말을 듣지 않아서 학교 교육에도 문제가 생겼다.

소위 경제학에서 말하는 샤워장의 수도꼭지 이론과 같은 현상이 나타난 것이다. 샤워장의 수도꼭지는 아이들이 주체가 되는 교육을 시킨 결과다. 아이들이 샤워장에서 자기마음대로 더운물과 찬물을 번갈아 가면서 틀어 대면서 더운물과 찬물이 섞여 버리는 대혼란을 초래한 것이다.

한국에서는 현재 사회 전체가 급작스러운 서구식 사고의 유입으로 인해서 과도기 현상이 나타나고 있다. 따라서 교육 개혁도 과거의 선생님이 주체가 되었던 교육 제도를 서서히 점진적인 방법으로 학생들 중심으로의 변화를 추구해 나가야만 한다.

14
유머 감각을
키워 주라

노벨상을 가장 많이 수상하는 미국인들은 동양인들에 비해서 유머 감각이 매우 풍부하다. 유머 감각이 풍부할수록 인생에서 성공할 가능성이 높다는 연구 결과가 나왔다. 사실상 글로벌 시대에 직장이나 사회생활을 하는 데 유머 감각을 필요로 하고 있다. 유머 감각은 리더십에서 가장 중요한 요소로 작용하고 있다. 그래서 직장에서 고급으로 갈수록 더욱더 유머 감각을 필요로 한다.

노벨상 수상자들을 보면, 아인슈타인의 트레이드마크는 헝클어진 머리와 혀를 쑥 내밀고 있는 그림이다. 이것만 보아도 그의 유머 감각이 얼마나 뛰어난지를 알 수 있다.

미국 대통령 중에서 가장 강력한 힘을 발휘한 레이건 대통령은 유머 감각이 뛰어난 인물로 유명하다. 그는 대통령 재임 시에 괴한에게 총을 맞고 쓰러진다. 그리고 얼마 후에 병원에서 그의 보좌진들이 그를 안심시키기 위해서 "이제 안심하셔도 됩니다."라고 말하자, 레이건은 "아니, 벌써 그 단세에 대통령이 바뀌었다는 말인가? 설마 마누라까지 바꾼 것은 아니겠지?"라는 여유 있는 유머로 미국인들 사이에서 인기를 얻었다.

　오바마 대통령 역시 유머 감각이 뛰어난 인물이다. 또 한국의 현대그룹의 창업주 정주영 회장은 유머 감각이 뛰어난 인물로 유명하다. 이차 대전을 승리로 이끈 영국의 수상 처칠 역시 뛰어난 유머 감각으로 전 세계인들을 안심시켰다. 처칠은 노벨 평화상을 수상한 인물이 아니라, 노벨 문학상을 수상한 인물이다.

　노벨상 정도의 큰 상을 수상하기 위해서는 그릇 자체가 큰 그릇이 되도록 교육을 하여야만 한다. 그러기 위해서는 여유로움을 보일 수 있는 배짱이 두둑한 인물이라는 것을 보여야만 한다. 그래서 리더가 되기 위해서는 위기 시 리더가 부하들에게 보이는 리더십이 중요하다.

　위기 시 리더는 부하들에게 유머 감각을 보이면서 태연한 태도로 부하들을 대해야만 한다. 만일 리더가 위기 시 당황하는 기색을 보이면, 그 조직은 금방 허물어져 버린다. 리더는 위기 시 부하들에게 유머 감각을 보이면서 뒤로는 빨리 수습책을 마련하여야만 한다.

　이처럼 유머 감각은 노벨상을 비롯하여 인생을 살아가면서 큰일을 하는 데 절대적으로 필요하다. 그렇다면 유머 감각을 키우기 위해서는 어떻게 하여야만 하는가?

　유머 감각은 하루아침에 만들어지는 것이 아니다. 물론 유머 감각은 어느 정도 선천적으로 타고나기는 한다. 그러나 대부분 후천적인 노력에 의해서 만들어진다. 미국에서는 중·고등학생들이 유머 감각을 키우기 위해서 엄청난 노력을 기울인다.

얼마 전 인기리에 방영된 드라마 시트콤에서 한 미국인 고등학교의 학생이 등장했다. 이 학생은 유머 감각이 없어서 반에서 학생들 사이에 인기가 없었다. 또한 학생들 사이에 융통성 없는 맹꽁이로 통했다. 이러한 자신의 약점을 없애기 위해 이 학생은 집에서 밤새도록 유머 감각을 연습했다. 그리고 다음 날 학교에 가서 어제 저녁 밤새도록 연습한 유머 감각을 아이들 앞에서 발휘했다.

그러자 반에 같이 있던 고등학생들은 모두가 다 눈이 휘둥그레졌다. 그 이유는 그 학생이 말하는 유머는 전혀 재밌지 않았기 때문이다. 동시에 반의 분위기에 맞지 않는 썰렁한 유머였다. 결국 같은 반 학생들은 그 학생의 정신이 이상해졌다고 생각하고는 다들 웃기는커녕 수군거렸다.

이처럼 유머는 때와 장소에 잘 맞추어서 하여야만 한다. 때와 장소를 잘 맞추지 못하는 유머는 썰렁한 유머가 되어 이상한 사람으로 오해를 받는 수가 있다. 따라서 유머 감각은 어릴 적부터 길러 주는 교육이 필요하다. 대부분 가정의 분위기가 부드럽거나 자유로운 집안에서 자란 사람들이 대개 유머 감각에 강하다. 아무런 생각 없이 던지는 한마디 한마디가 전부 유머덩어리로 주변 사람들을 웃게 만든다.

영국을 대표하는 개그맨인 미스터 빈이 그러한 사람이다. 미스터 빈은 보기만 해도 그의 행동과 그가 슬쩍 던지는 말마다 웃음을 자아낸다. 이러한 사람들이 진정으로 유머 감각을 가진 사람들이다. 그렇다고 해서 미스터 빈과 같이 직업적이고 전문적인 코미디언이 되라는 것이 아니다. 전 세계적으로 리더가 갖추어야 할 덕목 중에서 유머 감각의 비중이 점차적으로 커지기 때문에 중요하다는 점을 말하고 싶다.

한국의 경우, 과거에는 잘 웃기는 사람은 가벼운 사람으로 리더십이 없는 사람으로 낮게 평가하였다. 그러나 현대는 근엄하고 목에 힘을 주는 리더를 직원들은 존경하지 않는다. 조직에서 직원들의 스트레스를 풀어 주고 직장의 분위기를 부드럽게 바꿀 줄 아는 유머 감각을 가진 리더십을 필요로 하는 시대다. 이러한 유머 감각은 대부분 어릴 적부터 가정의 분위기와 부모들에 의해서 길러지므로 이에 대한 교육이 필요하다.

15

모든 것이 사랑으로 시작해서
사랑으로 끝나는 정신이 필요하다

　　노벨상 수상은 단순히 자신의 전문 분야에서만 두각을 드러낸다고 해서 되는 것이 아니다. 노벨상을 수상하기 위해서는 인류를 위해서 봉사하고 인류를 사랑하는 정신이 있어야만 한다. 열악한 환경, 검은 아프리카 대륙에서 사랑을 전파한 슈바이처 박사는 왜 노벨 수상자가 되었는가? 또 핵폭탄으로 많은 인명을 앗아간 아인슈타인은 왜 노벨상을 받았는가? 그 이유는 바로 사랑을 바탕으로 한 정신 때문이다.

　　슈바이처 박사는 아프리카 검은 대륙의 성자로서 평생을 아프리카 흑인들을 위해서 사랑으로 헌신하였다. 아인슈타인 역시 자신이 발명한 상대성 원리 등이 인류를 해치는 대량살상 무기를 만드는 데 사용하는 것에 대해서 반대했다. 원자력 발전소 등을 통해서 인류의 평화와 행복을 위해서 사용하는 운동을 전개했다. 바로 인류에게 사랑과 행복을 위해서 봉사하는 정신이 가장 중요한 것이다.

서구의 사상은 기독 수도사 문화를 바탕으로 하고 있다. 그것은 신 중심의 문화 때문이다. 신 중심 문화에서는 인간의 본성을 성악설로 보고 있다. 인간은 모두가 신 앞에서는 죄인인 것이다. 따라서 신에 대해서 속죄하기 위해서 인간에게 필요한 것이 사랑을 바탕으로 한 교육이다. 악한 인간은 교육을 통해서 선한 인간으로 변한다는 논리다.

서양 교육의 아버지인 페스탈로치는 사랑을 바탕으로 하는 교육을 강조하였다. 또한 서양 아동교육의 아버지인 프뢰벨 역시 하느님인 주신 은총인 은물을 바탕으로 한 교육을 강조하고 있다. 은물은 바로 사랑인 것이다. 이처럼 미국인들의 교육 사상은 사랑을 바탕으로 하고 있다.

미국 영화의 중심은 할리우드다. '할리우드'란 고급의 지적인 예술을 창조한다는 것을 의미한다. 초기 할리우드 영화는 전부가 대중성이 결여된 인류의 지적 성장을 위해서 제작되었다. 그 결과 흥행 면에서 실패했다. 그 후에는 흥행 위주로 변화되면서 영화 수준이 많이 떨어지기는 했다.

할리우드 영화의 대부분은 사랑과 용서로 일관하고 있다. 아무리 악인이라고 할지라도 마지막에는 용서와 사랑으로 끝을 맺는다. 이것은 미국인들이 가지고 있는 교육 방식이다.

미국은 인종집산의 국가다. 백인과 흑인, 원주민인 인디언과 스페인과 인디언의 혼혈종인 히스패닉계인들을 비롯하여 전 세계의 인종이 다 모여서 산다. 그들은 모두가 다 이방인이다. 이러한 인종집산을 묶어 주는 것은 바로 기독교다. 미국인들에게는 기독교는 하나의 공민교다. 하느님 앞에서는 인간은 누구나 다 평등하며, 하느님이 강조하는 것은 바로 사랑이다. 현재 미국이 노벨상을 가장 많이 수상하는 원인은 바로 사랑을 바탕으로 하는 교육 정신 때문이다.

인간은 불완전한 존재다. 만일 인간이 불완전한 존재가 아니라면, 인간은 현재 지구상에 존재하지 않고 벌써 하늘나라에 가서 살고 있을 것이다. 인간의 의식은 자아의식가 타아의식으로 구성되어 있다. 타아의식은 의식 밖의 세상에 있다. 따라서 인간은 자신의 잘못은 인식하지 못한다. 반면 남의 잘못은 금방 알아차린다. 그렇기 때문에 인간은 더더욱 남의 잘못에 대해서는 비판을 삼가야만 한다.

아이들이 남을 사랑하고 남의 잘못에 대해서는 용서로 일관하는 마음을 습관화시키는 것이 필요하다. 그리스 속담에 "칭찬을 너무 많이 듣는 사람은 콧등에 종기가 난다."는 말이 있다. 남을 칭찬하는 사람들을 경계하라는 뜻이다. 그러나 서양인에 비해서 한국인들은 남에게 칭찬하는 것에 대해서는 너무 인색하다. 남을 칭찬하는 경우에는 그 칭찬이 덕담이 되어서 자신에게 돌아온다는 점을 명심하자. 자신이 바로 그 칭찬의 혜택을 보게 되는 것이다.

얼마 전 베스트셀러가 된 『칭찬은 고래도 춤추게 한다』라는 책이 있었다. 칭찬은 고래를 춤추게 하지만 과연 동물이 아닌 인간이 칭찬을 받는다고 해서 춤을 출 것인가 하는 문제가 제기된 일이 있다. 그러나 심리학자들의 연구 결과, 칭찬을 받은 인간은 체면 때문에 그 자리에서는 언급을 회피하지만 결국은 인간도 고래와 마찬가지로 춤을 춘다는 것이다.

바로 이것이다. 자식들을 교육하는 과정에서 상대에 대해서 후한 점수를 주고 자신은 겸손을 보이는 교육을 할 필요가 있다. 그리스도교 가르침에 "자신이 상석에 오르고 싶으면 남부터 상석에 앉혀야만 한다."라는 말이 있다. 남을 상석에 앉히려는 정신으로 인해 남도 자신을 배려해 주기 때문에 결국 자신이 덕을 보게 된다는 의미이다.

다음으로 중요한 것은 용서다. 서양의 그리스도교 교훈에 "오른쪽 뺨을 치면 왼쪽 뺨도 내밀라."는 말이 있다. 이것은 죄인에게 용서로 대하라는 말이다. 죄인의 죄는 밉지만 인간은 미워하지 말라는 말이다. "이에는 이, 눈에는 눈"이 아닌 모든 것을 용서해 줄 때 스스로 평안해진다는 것이다. 그럴 때 사람은 큰 사람으로 성장하게 된다는 것이다. 노벨상을 많이 수상한 미국 등 서양인들의 사고가 바로 용서와 사랑이다.

그런데 한국을 비롯한 동양인들의 교육은 사랑과 용서를 바탕으로 하는 사고가 여전히 부족하다. 아이들을 노벨상을 수상할 만큼 큰 인물로 성장시키기 위해서 부모는 자녀들에게 사랑을 바탕으로 하는 교육을 하여야만 한다.

자녀의 자립 교육은
빠르면 빠를수록 좋다

노벨상을 가장 많이 수상하는 미국인들이 동양인들과 다른 점은 자립심이 매우 강하다는 것이다. 앞에서도 설명한 것처럼 미국 학생들은 대부분 고등학생이 되면 기숙사에 들어가서 가능하면 부모로부터 독립하고자 하는 정신이 매우 강하다. 부모들도 마찬가지로 노후에 자식들과 함께 사는 것을 원하지 않는다. 각자에게는 자신의 생활 영역이 있기 때문이다. 이것이 미국인들이 가지고 있는 개인주의 정신이다.

미국은 이혼율이 세계에서 가장 높다. 이혼율이 높다는 것은 무엇을 의미하는가? 바로 부부간에도 성격이 다른 경우에는 가차 없이 헤어진다는 것이다. 반면 동양인들은 그렇지 않다. 부모가 자식에게 일일이 간섭하며, 노후에도 자식과 함께 살고 싶어 한다.

인간은 누구나 본능적으로 자손이 잘되도록 뻗어 주고 싶어 한다. 그래서 고대 그리스의 철인 플라톤은 인간의 부정부패의 주범은 자식이라고 말한다. 따라서 자식을 낳자마자 바로 공동체 집단에 넣어서 부모가 누구인지 모르게 키워야만 도시국가의 부정부패가 근절된다고 한다. 플라톤이 말하는 인간은 자신의 부를 축적하기 위해 부정과 부패를 저지르는 것이 아니다. 본능적으로 자신이 재산에 관심을 가지고 남보다 더 많은 부를 축적하고자 하는 원인은 바로 자녀들 때문이다.

동서고금을 막론하고 인간들은 자식 교육을 잘 시키기 위해서 노력해 왔다. 자녀 교육의 중심에 선 사람들이 동양에서는 공자와 맹자 등 '자'로 불리는 사람들이다. 공자, 맹자, 장자, 노자 등에 붙이는 '자'는 학생들을 가르치는 선생님이라는 말이다.

공자와 맹자가 활동하던 시대는 '춘추전국'이라고 부른다. 공자는 춘추시대에, 그리고 맹자는 전국시대에 활동했다. 공자의 증손자이자 제자가 맹자의 스승이다. 따라서 공자는 맹자의 스승인 셈이다. 이 시기에도 자녀들의 교육을 가장 중요시 여겼다. '맹모삼천지교'니 '맹모단적지교'니 하는 말은 이 시대에 나온 말이다. 맹자 어머니는 자녀 교육을 위해서 세 번씩이나 이사를 했다. 또한 맹자가 공부를 중단하고 돌아오자, 맹자 어머니는 베틀에 앉아서 짜던 천을 모조리 잘라 버렸다.

이와 비슷한 시대에 서양에서도 소피스트라는 사람들이 자녀들의 교육을 맡아서 가르쳤다. 소피스트란 지식인을 말한다. 프랑스 여배우 소피 마르소와 이태리 여배우 소피아 로렌의 이름은 바로 '소피스트'라는 말에서 나왔다. 이 여배우들은 지식을 사랑하는 지식인이 되고자 하는 의미에서 '소피'라는 이름을 붙였다.

소크라테스도 소피스트였다. 그러나 일반 소피스트와 다른 점은 소크라테스는 돈을 받지 않고 아테네 도시민들의 자녀들을 교육시켰다는 점이다. 소크라테스의 제자인 플라톤은 아테네 도시민들의 교육을 위해서 아카데미라는 학교를 세웠다. 이것이 오늘날 대학의 효시라고 할 수 있다.

이처럼 인간 사회에서는 동서고금을 막론하고 자녀들을 훌륭한 인간으로 만들고자 하는 욕망을 가지고 있다. 훌륭한 인간으로 만들기 위해서 자녀들의 자립정신은 빠르면 빠를수록 좋다. 자립정신을 가지고 홀로 열심히 뛰는 자녀들이 결국은 성공한다.

자녀들에게 물질적으로 풍부하게 도와주는 부모는 자녀들이 성인이 된 뒤에도 자녀들을 손아귀에 넣어 두려는 습성이 생기게 된다. 결국 자녀를 망치는 결과를 초래한다. 부모는 등받이는 될지언정 직접 나서서는 안 된다. 대부분 부모가 크게 성공한 사람들의 자식들은 부모의 그늘에 가려서 빛을 잃어버리는 경우가 허다하다. 이것을 꼬리곰탕이라고 한다.

유학을 보내는 부모들은 자식들에게 경제적으로 돈을 대주는 경우가 대부분이다. 그러나 자녀가 식당에서 접시를 닦건 햄버거 가게에서 일하건 자신이 벌어서 공부한 학생은 성공하게 되어 있다. 그중에서도 처가 돈으로 공부한 사람이 인생에서 실패한 경우가 가장 많다. 다음으로 아버지 돈으로 유학한 학생은 어느 정도는 성공한다.

그러나 자신이 자립해서 유학비를 벌어서 공부한 학생은 거의 대부분 성공하고 큰 인물이 된다. 동시에 남을 도울 줄도 안다. 자신이 돈을 벌어 보았기 때문에 힘든 사람들을 이해하는 것이다.

결과적으로, 부모들의 자식에 대한 교육은 어릴 때부터 자립심을 키워 주는 방식으로 이루어져야 한다. 백수의 왕이라는 호랑이는 새끼를 낳자마자 바위 위에서 굴려 버린다. 그리고 죽지 않고 살아서 바위 위로 기어 올라오는 호랑이 새끼만 키운다. 동시에 혹독한 훈련을 시킨다. 그 이유는 백수의 왕으로서 자존심을 지키면서 생존하기 위해서는 어릴 적의 혹독한 교육이 필요하기 때문이다. 인간도 마찬가지다.

17
흙수저처럼
교육하라

실존주의 철학자 사르트르는 "실존은 본질에 앞선다."라고 말한다. 이것은 무엇을 의미하는가? 사르트르는 인간이 태어날 때부터 가지고 있는 자질을 '본질'이라고 본다. 반면 현재 존재하는 인간을 '실존'이라고 본다. 사르트르는 실존, 즉 현재의 자신이 원래 타고난 선천적인 재능보다 선행한다는 것이다.

사르트르의 주장에 따르면, 노벨상 수상자들은 타고난 재능이 아니라 후천적인 노력에 의해서 만들어진다는 것이다. 발명왕 에디슨 또한 타고난 재능보다는 후천적인 노력에 의해서 발명왕이 되었다는 것이다.

에디슨 스스로도 모든 사람들이 자신을 가리켜 타고난 천재라고 말하는 것에 대해서 반박한다. 천재는 99퍼센트의 땀과 1퍼센트의 영감으로 이루어진다는 것이다. 자신의 분야에서 대성한 사람들은 대부분 실패에 실패를 거듭하는 노력을 거쳐서 성공한 사람들이다.

노벨상을 수상한 사람들이 자신이 타고난 집안 덕분이냐 아니면 스스로의 노력의 결과인가에 대해서 많은 연구 결과가 나왔다. 그런데 과학적인 연구 결과, 노벨상과 타고난 집안의 환경과는 상관관계가 없다는 데이터 통계 수치가 나왔다.

서양의 경우, 노벨상을 가장 많이 수상한 집안은 마리아 퀴리 집안이라고 할 수 있다. 퀴리는 남편과 함께 노벨 물리학상을 수상한다. 그 후 다시 단독으로 노벨 화학상을 수상하였다. 딸과 사위도 노벨 화학상을 수상하였다.

이처럼 2대에 걸쳐 노벨상을 수상하기는 인류 역사상 최초의 일이다. 퀴리 부인은 최초의 여성 노벨수상자이며 최다 노벨수상자가 되었다. 이처럼 2대에 걸쳐 노벨수상자를 배출한 원인은 무엇인가? 이는 타고난 본질이 아닌 후천적인 노력에 의해서 이루어진 것이다.

퀴리 부인은 천재라기보다는 노력가다. 오직 연구만을 위해서 산 인물로, 프랑스 정부가 수여하는 최고의 훈장을 거부하고 단지 허름한 실험실 하나만을 고집했다. 또한 프랑스로 귀화했지만 약한 조국 폴란드를 사랑했다. 자신이 발견한 '폴로토늄'은 조국인 폴란드의 이름을 따서 지은 것이다. 그녀의 자손들이 노벨상을 수상한 원인도 바로 명예나 물질보다는 장인 정신을 가르친데 있다.

사르트르는 인간이 가지고 있는 재능과 건강 등은 중요하지 않다고 본다. 인간이 태어날 때는 육각형 모양이든 사각형 모양이든 그것은 중요하지 않다는 것이다. 그것보다는 빈 그릇에 어떠한 것들을 담아내느냐가 더욱더 중요하다는 것이다. 이처럼 사르트르는 인간은 자신이 현재 행동하는 실존에 의해서 본질은 변화한다고 주장한다. 자신이 현재 어떻게 행동하는가에 따라서 자신의 모양은 항상 변한다는 것이다.

현재 한국 사회에서는 흙수저와 금수저에 대한 논란이 끊이지 않고 있다. 많은 젊은이들은 금수저에 대해서 분노하고 있다. 금수저란 부모가 상당한 양의 재산이나 권력을 자식에게 물려주어서 자식이 부모의 힘으로 편안하게 살아가는 것을 의미한다. 금수저, 은수저, 동수저 및 흙수저로 나누고 있는데, 이 가운데 흙수저는 부모로부터 물려받은 것이 없어서 혼자 벌어서 집도 장만하고 결혼 비용도 혼자서 마련해야 한다는 것이다.

이 문제에 대해서 문제를 제기하지 않을 수 없다. 이러한 금수저나 흙수저 논란에 대한 책임은 바로 부모한테 있는 것이다. 지금 나이가 30대에 접어든 청장년층은 대개 자식이 하나 아니면 둘이다. 따라서 부모들이 자식들에 대해서 관심을 가지고 너무 귀하게 키웠다. 그러다 보니 사회에 나가서는 힘든 일을 하기 싫어하고, 남과 부딪치는 일은 싫어한다.

'부모가 항상 젊은 것은 아니다.'라는 사실을 아이들에게 교육시키지 않았다. 부모 자신은 정년이 없고 영원히 직장인이고 돈을 벌어서 자식들을 돌볼 줄 알았다. 부모는 자식들에게 자신도 얼마 있으면 노인이 된다는 사실을 알려 주어야만 한다. 대부분의 부모들은 자신들은 힘들게 자랐기 때문에 자식들은 힘들게 살고 싶어 하지 않는다.

현재 중국은 자식들을 잘못 키우고 있다는 비난을 받고 있다. 중국은 인구가 많아서 아들딸 구별 말고 하나만 낳아 잘 키우자는 운동을 진행하며 산아 제한을 심하게 하였다. 그러다 보니 중국에서는 할아버지 할머니를 비롯하여 외할아버지와 외할머니의 8개의 눈이 한 아이만 바라보게 되었다. 여기에 더해서 부모까지 아이 하나만 바라보는 실정이다. 다시 말하면 12개의 눈이 아이 하나만 바라보고 있다.

과거 중국은 정말 비참할 정도로 가난하게 살았다. 경제 최하위 후진국이었다. 그러나 등소평의 시장경제정책의 도움으로 갑자기 국민들의 소득이 올랐다. 그 결과, 중국인들은 흥청망청 소비를 하였다.

부모들은 아이들에게 과거 자신들이 경험한 가난을 물려주고 싶어 하지 않는다. 그러나 자신들이 경험한 가난을 자녀들에게 가르쳐 주어야만 한다. 자녀들은 부모의 가난을 교훈삼고 기억하고 있어야만 훌륭한 인물로 성장한다.

중국은 인구가 전 세계의 4분의 1이나 된다. 또한 지구상에서 가장 오랜 역사와 문화와 전통을 가지고 있다. 면적 역시 러시아와 캐나다 다음으로 넓은 국토를 가지고 있다. 더군다나 이제는 중국이 일본과 유럽을 제치고 미국 다음의 세계 제2의 경제대국으로 도약하였다. 그런데도 노벨상 수상자가 거의 없는 실정이다. 그 이유는 바로 가족과 자신만을 생각하고 남을 배려하지 않는 사고 때문이다.

중국은 부정부패가 전 세계에서 가장 심하다. 특히 '59세의 반란'이라는 말이 있다. 이것은 60세가 정년이기 때문에 정년 바로 전해인 59세 때 한탕 크게 부정을 저질러서 정년하면서 부정한 돈으로 가족들이 잘 살아 보겠다는 의도에서 부정을 저지른다는 것을 의미한다. 중국은 부정한 자들에 대해서 굉장히 가혹한 벌을 내린다. 공공을 해치는 행위를 하는 경우에는 그대로 사형에 처하는 엄벌을 적용하고 있다.

중국이 노벨상 수상자를 비롯하여 큰 인물이 배출되지 못하는 원인은 혼자만의 성공을 향해서 달리는 엘리트주의적 사고 때문이다. 이러한 엘리트주의 지향적 사고를 버리고 리더가 되기 위한 교육으로 전환될 때, 중국은 미국 등 서양국들처럼 많은 노벨상 수상자를 배출하게 될 것이다.

18

젊은 시절의 중요성을
교육하라

노벨상 수상자들이 구상한 아이디어는 거의 대부분이 20대에 나온다. 물론 20대에 구상한 아이디어들은 그 후의 연구에 의해서 발전되기는 한다. 앞에서 설명한 것처럼 아인슈타인의 물리학 이론도 20대 초반에 이미 가설이 설정되었다.

10대는 호연지기를 키우는 시기로, 자신이 인류를 위해서 의리와 도를 키우는 시기다. 노벨상은 의리와 도를 바탕으로 하고 있다. 따라서 부모들은 소년기에 아이들이 큰 꿈을 키울 수 있도록 교육을 하여야만 한다.

독일의 문호 괴테는 "인생에서 가장 아름다운 시기는 10대에서 20대다."라고 그의 시에서 노래하고 있다. 괴테는 젊음의 아름다움을 흠모하고 있다. 독일의 시인 헤르만 헤세도 젊은 날의 좌절과 고독과 희망을 노래하고 있다. 괴테가 "젊음은 아름답다."라고 노래하고, 헤세가 젊은 날의 고뇌를 표현하는 원인은 어디에 있는가?

바로 이 시기가 인생에서 가장 중요한 시기이기 때문이다. 젊음은 시야를 넓혀서 성공을 향해서 노력하면 성공할 가능성이 아주 크기 때문이다. 젊음은 인생에서 사계절의 봄날과 같다. 젊음은 봄날과 같이 꽃단장을 하고 왔다가 눈 깜작할 사이에 사라져 버린다. 젊음은 진달래 꽃비를 몰고서 화려하게 등장한다. 화려한 봄내음은 금방 사라져 버린다. 젊음은 소낙비와 같다. 소낙비는 천둥과 먹구름을 동반한다. 천둥과 먹구름이 조화된 소낙비는 엄청난 힘과 열정을 토해 낸다.

젊음은 순식간에 나타나서 순식간에 사라지면서 인생에서 큰 흔적을 남기고 사라져 버린다. 젊음이 인생에서 할퀸 자국을 남기고 사라진 이후, 인간은 젊음을 그리워하고 젊은 시절이 다시 돌아온다면 무엇을 할 것인가를 회상하게 된다. 만일 젊음이 영원히 존속된다면 괴테는 젊음이 아름답다고 노래할 수 있었겠는가. 젊음이 영원하지 못하기 때문에 괴테와 헤르만 헤세는 젊은 시절을 그리워하고 아쉬워하지 않았던가.

인간은 누구나 다 시한부 인생을 살아가고 있다. 시한부 인생에 대해서 비관적으로 노래한 한국의 소설가 정비석 선생은 마의태자 궁예의 마지막 생존지 철원에서 태자를 그리는 수필『산정무한』에서 "태자 가신 지 천 년이 지났으니 천 년도 수유(須臾)던가? 고작 70 생애의 희로애락을 싣고 각축하다 한 움큼의 썩은 흙으로 돌아가는 것이 인생이라 생각하니 갈 곳 없는 나그네의 마음은 암연히 수수롭다."라고 인생의 무상함을 노래하고 있다.

괴테는 왜 인생에서 젊음을 아름답다고 하였던가? 이 말은 젊음은 인생에서 황금기이기 때문에 무슨 일도 할 수 있는 무한한 가능성을 가지고 있다는 말이다. 괴테의 눈에 비친 젊음은 일곱 빛깔의 화려한 색상을 수놓은 무지개와 같다. 젊음은 하늘의 무지개를 타고서 끝없이 펼쳐진 공간 속으로 날아 올라갈 수 있다.

낭만주의를 대표하는 시인 윌리엄 워즈워드는 그의 시 「무지개」에서 젊음을 예찬하고 있다. "무지개를 바라보니 내 마음은 뛰누나. 어릴 때처럼 어른이 된 뒤에도 내 가슴은 뛰누나. 어린이는 어른의 아버지. 내 인생 늙은 후에도 내 가슴은 뛰겠지."라고 표현하고 있다.

특히 '어린이는 어른의 아버지'라는 시구에서 젊음의 중요성을 노래하고 있다. 워즈워드는 젊은 시절은 쉽게 동요되고 쉽게 감동을 받아서 가슴은 뛰고 있다고 노래하고 있다. 만일 정비석 선생이 젊은 시절에 마의태자가 거주하던 곳을 찾아갔더라면 틀림없이 인생에 대해서 희망찬 글로 표현하였을 것이다.

괴테 역시 젊음을 부러워하는 시의 구절을 노래하는 이유는 중년 이후 노년에 들어서면서 젊음을 노래하기 시작하였다. 인간은 누구나 다 시한부 인생을 살고 있다. 시한부 인생에 대해서 심리학의 석학 칼 융은 "인생은 자신이 하루하루를 어떻게 사는가를 결정하는 것이 아니라, 인간 스스로가 하루하루에 구속되어져 사는 인생을 살아가고 있다."고 말한다.

존재와 시간으로 실존주의 문학을 대표하는 하이데거 역시 인간 존재와 시간에 대해서 "유한적 존재인 인간이 무한적 시간을 지배하여야 한다."는 말을 하였다. 인생에서 시간의 무한성은 시간이 인간을 지배하는 것이 아니라 인간이 시간을 지배한다는 논리이다. 즉, 영속적인 시간을 인간이 어떻게 관리하느냐에 따라서 인간 존재는 영속성을 지닐 수 있음을 의미한다.

젊음은 영원히 존재하지 않는다. 서양의 격언에서는 "시간은 화살이다."라고 표현하고 있다. 동양에서도 공부할 시기가 있으며, 때를 놓쳐 버리면 인생은 끝이 난다는 격언들이 많이 있다. 젊음의 시간은 잡을 수 없는 화살과 같이 흘러 버린다는 서양 격언은 인생에서 가장 중요한 젊음은 화살과 같이 흐르기 때문에 빨리 잡아야만 한다는 것을 의미한다.

아침 이슬을 머금고 피어난 싱싱한 붉은 백일홍에서 상쾌함과 희망과 즐거움을 찾을 수 있다. 젊음은 바로 아침에 갓 피어난 백일홍과 같다. 백일홍이 꽃 중에서 가장 오랫동안 피어나 있다. 꽃이 백 일 동안 피어 있다고 해서 백일홍이라고 한다. 백일홍도 초기의 아름다움은 가면 갈수록 빛이 바래져서 퇴색되고 만다. 빛바랜 백일홍에서 초기의 싱싱함과 아름다움을 찾을 수 없다. 이것은 젊음은 인생에서 무한한 가능성을 가지고 있음을 의미한다.

젊음은 예술이다. 젊음은 미술가에 비유할 수 있다. 그림 속의 화판과 같이 넓은 공간에 자신이 시각을 통해서 희망하는 것, 자신의 머릿속에서 꿈꾸는 것을 상상력을 동원하여 화판 속에 그려 넣을 수 있다. 젊음은 음악의 작곡가와도 같다. 자신이 듣고 싶어하는 것을 청각을 통해서 들을 수 있도록 오선지에 마음껏 그려 넣을 수 있다. 또한 젊음은 건축가의 공간과 같다. 자신이 원하는 것을 마음껏 지었다 허물어뜨릴 수 있다.

젊음은 열정이다. 젊음은 자신이 원하는 목표를 거침없이 추진해 나갈 수 있는 에너지를 가지고 있다. 젊음의 열정은 태양 속에서 활활 타오르는 8천만 도의 끓어오르는 용광로이다. 젊음의 열정은 끓어오르는 무한한 가능성을 가지고 달려 나가고 있다.

젊음의 열정은 비 오는 날의 수채화이다. 소낙비 오는 날 물 배긴 화판에 거침없이 열정을 가지고 희망을 그려 넣을 수 있는 상상력이 끝없이 솟아오른다. 젊음의 머리는 상상력으로 차 있다. 태초 인간은 젊음의 상상력으로 문명을 창조해 내었다. 신은 인간을 창조하였지만 인간의 문명을 창조해 내지는 못했다. 인간의 문명은 바로 젊음의 머릿속에서 피어오르는 상상력에 의존하여 창조되었고 날아오르고 있다.

젊음의 상상력은 지구상에 존재하는 만물을 지배하는 동력소가 되었다. 상상력은 모험심을 일으켜서 무한한 도전 속으로 빨아들인다. 젊음은 자신이 가지고 있는 상상력을 무기로 하여 열정적인 삶을 살아가게 한다.

젊은이들이 성공을 위한 시야를 넓히기 위해서 가장 중요한 것은 가능하면 빨리 목표를 세우고 출발하는 일이다. 출발의 중요성은 동양 사회나 서양 사회에서 다 함께 강조하고 있다. 인간이 지구상에서 존재하면서 누구나 올바르고 성공적인 삶을 살아가는 방법에 대해서 연구를 계속해 나왔으며 현재도 계속해 나가고 있다.

고대 동양 사회의 정신적 하부구조를 이루고 있는 공맹사상은 인생에서 성공하기 위해서는 10대 때에 자신이 어떤 인물이 될 것인지에 대해서 구상하고 밑그림을 그리는 의지를 세우는 입지를 다질 필요성을 강조하고 있다. 그리고 "서양 사회의 모든 사상은 플라톤으로 통한다."라고 할 만큼 동양의 공맹 사상에 해당하는 플라톤과 아리스토텔레스의 사상에서도 젊은이들의 올바른 윤리관을 강조하고 있다.

플라톤은 그의 저서 『향연』을 통해서 젊은이들에게 필요한 기본 과목과 예술적인 정서의 필요성을 강조하고 있다. 플라톤의 제자인 아리스토텔레스도 그의 아들 니코마코스의 이름을 딴 저서 『니코마코스 윤리학』에서 자신의 나이에 따라서 필요한 직업관에 대해서 자세하게 설명하고 있다. 이처럼 인생에서 젊은 시절의 중요성은 동서고금을 통해서 강조하고 있다.

인생에서 가장 중요한 것은 인생을 어떻게 가치 있게 성공적으로 살아가는가 하는 문제이다. 따라서 인생을 성공적으로 살아가기 위해서 가장 중요한 것은 10대와 20대에 어떻게 인생을 구상하고 어떻게 활동을 하는가에 따라서 인생의 성공이 결정된다는 사실이다.

10대와 20대에 인생을 구상하는 능력에 따라서 30대와 그 이후의 삶에 결정적인 영향을 미치게 된다. 인생에 연습이라는 것은 없다. 만일 연습이 있다면 나이가 들어서 돌이키면 되지만, 인생에서는 과거를 돌이킬 수는 없다.

영국의 극작가 셰익스피어는 무대에 막이 오르면 자신이 주인공이며 다른 사람들은 단지 조연이거나 아니면 관객에 불과하다고 말한다. 따라서 자신의 인생은 자신이 개척해 나가지 않으면 안 된다. 훌륭한 인생을 설계하고 그 설계에 맞추어 나가기 위해서는 무한한 노력이 필요하다. 아무리 좋은 기반을 가진 쇠붙이라도 명검을 만들기 위해서는 다른 쇠보다 더 많이 갈고 닦지 않으면 명검이 될 수 없다. 이렇듯 10대와 20대에 그들이 어떠한 삶을 살아가는가가 인생의 어둠 속에서도 빛을 발할 수 있는 명검이 되는가 아니면 그냥 이름 모르는 굴러다니는 평범한 쇠붙이로 끝이 나는가가 결정되는 것이다.

인생의 성공은 결국 10대와 20대에 결정된다고 할 수 있다. 10대와 20대에 성공에 부합하는 삶을 살기 위해서 노력하는 사람은 30대부터는 성공으로 가는 지름길의 본궤도에 오르게 되는 것이다. 그러나 10대와 20대에 제대로 중심을 잡지 못하고 아무렇게나 목적 없는 삶을 살아가는 사람은 30대 이후부터는 더욱더 힘든 삶을 살아가며 성공과는 정반대의 길을 걷게 되어 있다.

따라서 부모들이여, 부디 자식을 낳은 것에 대해서 자랑할 것이 아니라 그 자식을 어떻게 세계에 기여할 수 있는 큰 인물인 동량재로 만들 수 있는가의 방법에 대해서 고민해야 한다. 바로 그 고민이 교육이다.

19
실패와 도전은
성공의 지름길임을
교육하라

노벨상 수상자가 되는 길은 실패를 경험하는 것이다. 다음으로 좌절하지 말아야 한다. 마지막으로 도전 정신을 발휘해야 한다.

20세기 인류 최고의 인생 상담가 데일 카네기는 인류 역사에 남을 만큼 인생에 대해서 올바른 길로 가도록 상담을 해 준 인물이다. 카네기의 명언 중에서 자녀를 둔 부모들이 명심해야 할 명언이 있다. 바로 "실패보다 더 무서운 것은 좌절이다."라는 말이다. 이 말은 실패를 하더라도 좌절을 하지 않고 끝까지 밀고 나가는 뚝심이 필요하다는 말이다.

부처나 예수와 같은 성인들은 인간은 태어나면서부터 문제 해결로 시작한다고 말한다. 한 문제를 해결하고 나면 해결해야 할 다른 문제가 또다시 나타난다는 말이다. 결국 인간은 태어나면서부터 죽는 순간까지 문제 해결로 시작됐다가 끝나는 인생을 살아가는 것이라고 할 수 있다.

"실패보다 더 무서운 것은 좌절이다."라는 카네기의 말을 명심해서 비록 여러 가지 일 때문에 실망과 시련이 닥치더라도 절대로 낙담하거나 좌절하지 말고 더욱더 강인한 정신을 가지도록 하여야 한다. 실패는 성공으로 가는 중간 다리이자 징검다리이다.

성공하는 사람과 실패하는 사람의 차이점은 결국 마지막 1퍼센트의 정신력의 차이에 불과하다고 어느 유명한 심리학자는 말하고 있다. 실패를 거듭하다 지쳐서 마지막 포기하기 직전이 바로 성공이 가장 가까이에 있는 지점인 것이다. 성공이 바로 눈앞에 다가와 있는데, 대부분의 사람들은 자신의 한계라고 생각하고 포기해 버린다. 그러니 실패를 하더라도 낙담하지 말고 끝까지 마지막 1퍼센트까지 최선을 다하는 정신이 필요하다.

인생 상담가 데일 카네기가 한 다른 명언 한 구절을 볼 수 있다. 카네기는 "인생에서 실패를 경험하지 못한 인생보다 더 불행한 인생은 없다."라고 말하고 있다. 카네기가 보기에, 훌륭한 인간이 되기 위해서는 실패를 반드시 경험해 보아야만 한다는 것이다.

사실상 한 번도 실패를 하지 않고 승승장구를 하는 사람들의 공통적인 특징은 세상 물정을 모르는 사람이 되어 버린다는 것이다. 실패를 경험하지 못한 사람들은 대부분 오만과 편견으로 가득 찬 마음씨의 소유자들이다. 카네기의 말과 같이 실패를 경험하지 못한 사람들은 주변 사람을 도와주지 않거나 그들의 마음을 이해하지 못하는 경우가 허다하다. 특히 그들이 소유하는 공통적인 특성은 겸손함이 없다는 것이다. 겸손한 마음이 없는 인간은 진짜 인생의 가장 중요한 본게임에서는 실패하게 되는 것이다.

인간은 불완전한 존재이다. 인생에서 진짜 본게임에서 성공하기 위해서는 현재의 실패를 하나의 큰 교훈으로 생각하여야 한다. 실패를 경험하지 못한 사람들은 틀림없이 진짜 본게임에서는 분명히 실패할 것이다. 실패를 미리 경험하고 미리 많은 시련을 겪은 사람은 반드시 나중에는 고생을 덜할 것이다.

실패를 많이 하여 그 실패를 경험 삼아 크게 성공한 인물로 미국의 유명한 정치인이자 16대 대통령인 링컨을 들 수 있다. 그는 인류의 역사를 통틀어서 가장 밑바닥에서 태어나서 가장 성공한 인물이다. 링컨의 실패와 도전을 통해서 우리는 두 가지 인간형을 생각할 수 있다.

실패를 하면 자신이 갈수록 위축되어지는 형과 그 반대의 인간형이다. 대부분의 사람들은 실패를 하면 위축되어 점차적으로 자신의 인생의 설계를 작은 방향으로 좁혀 나간다. 더욱이 많은 사람들은 실패를 하는 경우에 너무나 실망하고 좌절한 나머지, 자신이 추구한 목표를 포기해 버리는 경우가 허다하다.

링컨은 그 반대의 인간형이다. 그는 미국 켄터키와 테네시의 경계 지역인 애팔레치아 산맥의 첩첩산중에서 태어났다. 그는 계모의 결손 가정에서 교육도 제대로 받지 못했다. 링컨은 당시 흑인이라는 이유로 노예로 취급받던 사회제도를 변화시키기 위해 정치계에 발을 디디기로 계획을 세웠다. 우선 지방의원부터 한 단계씩 밟아 올라가기로 결심한 그는 주 하원의원에 첫 번째 도전을 하였다. 그러나 첫 번째 그의 희망은 좌절되고 말았다.

거의 모든 사람들은 제일 기초의원에 실패하면 다음 선거에는 한 단계 낮추거나 꿈을 접어 버리는 경우가 대부분이다. 그러나 링컨의 경우는 달랐다. 그가 주 하원에 실패하자, 이번에는 한 단계 올려 주 상원으로 출마하였다. 마침내 그는 당선이 되었으나, 그 후 링컨은 주 상원의 재선에서 낙선하였다. 그러자 이번에는 링컨은 한 단계를 또 올려서 연방 상원의원에 도전하였다. 그러나 링컨의 꿈은 좌절되고 말았다.

그러자 이번에는 링컨은 또 한 단계 높여서 대통령에 출마를 결심하고 출사표를 던졌다. 마침내 링컨은 대통령에 당선되었고, 그가 바라던 노예해방을 남북전쟁을 통해서 실현하였다. 링컨의 좌절과 도전 정신에 대해서 한번 생각해 볼 필요가 있다. 만일 링컨이 도전 정신이 없었더라면 그는 자신의 꿈을 포기했거나 아니면 동네의 구의원이나 기껏해야 시의원 정도로 끝이 났을 것이다.

링컨은 미국을 독립시킨 전쟁 영웅이자 초대 대통령인 조지 워싱턴과 함께 미국 역사를 통틀어 가장 위대한 대통령으로 꼽힌다. 구약에 나오는 탈애굽을 했던 모세에 비유되는 조지 워싱턴과는 달리, 링컨 대통령은 노예를 해방시키고 자신은 암살을 당했기 때문에 예수에 비유된다.

현재 링컨에 대한 국민들의 존경심은 더해 가고 있다. 특히 링컨의 게티즈버그 연설은 미국 역사상 가장 유명한 연설로 역사에 기록되고 있다. 이처럼 실패에 좌절하지 않고 한 단계씩 높여 나가는 정신은 결국 자신을 인류의 위대한 대통령으로 만들었다.

20세기 인류 최고의 인생 상담가인 데일 카네기는 실패는 성공의 지름길이지만 좌절보다 더 나쁜 것은 없다고 말한다. 실패를 하면 할수록 인생에서 경험이 쌓여서 성공으로 가는 지름길이 된다. 인생을 살아가면서 누구나 실패를 경험하게 마련이다. 그러나 사람마다 그 실패를 어떻게 받아들이느냐에 따라서 인생은 달라진다. 실패를 좋은 경험과 거울로 삼아서 더욱더 큰 희망으로 도전을 하는 사람은 결국 자신이 목표로 삼았던 꿈을 성공시킬 수 있을 것이다.

다음으로 중요한 것은 자녀들이 열정을 가지고 매사에 덤벼드는 용기다. 인생을 살아가면서 자녀들에게 가장 필요한 것은 아무리 어려운 일에 부딪치더라도 용기를 잃지 않는 정신이 가장 필요하다고 본다. 여기에 대해서 파브 정신과 샤브 정신에 대한 실화가 있다. '파브'는 배에서 뛰어내리는 정신이며, '샤브'는 아직까지 배에서 머뭇거리는 정신이다.

수십 년 전에 인도양 근처에서 영국 상선 한 척이 난파되어 배에 타고 있던 사람들이 모두 다 죽었다. 단지 두 사람만이 다행히 구명보트에 실려서 목숨만을 부지하고 있었다. 두 사람은 조그만 보트에 실린 채 파도에 떠밀려서 무인도에 도착하였다. 그런데 두 사람이 다른 정신과 사고를 가지고 있었다. 한 사람은 파브 정신을, 다른 사람은 샤브 정신을 가지고 있었다.

무인도에는 식인종과 독뱀이 우글거리기 때문에 배에서 떠나지 못하고 구조선을 기다리다 운이 좋으면 구조되고, 운이 나빠서 구조되지 못하면 배에서 죽어 버리자는 정신을 샤브 정신이라고 한다. 이에 반해 식인종이나 독뱀에 물려 죽더라도 배에서 내려서 무인도로 돌진해 들어가자는 정신이 바로 파브 정신이다.

샤브 정신을 가진 사람은 겁이 나서 배 안에서 나오지 못하고 있다가 바닷물을 마시고는 더욱더 갈증이 나고 배가 고파 굶어 죽어 버렸다. 그러나 파브 정신을 가진 촌놈은 배에서 뛰어내려서 바닷물이라 생각하고 한 모금 먹어 보니, 바로 그 물은 바닷물이 아니라 무인도의 산에서 연결된 지하수였다.

결국 파브 정신의 사람이 그 지하수를 마시고서 살길이 열려서 얼마 후에는 구조배에 의해서 구조되었다는 실화는 바로 인간은 용기를 잃지 않고 끝까지 도전하는 파브 정신인 도전 정신이 얼마나 중요한 것인지를 보여 주고 있다.

부모가 자녀들을 노벨 수상자와 같이 큰 인물로 만드는 교육은 바로 실패에도 좌절하지 않는 정신과 링컨과 같은 도전 정신인 것이다. "역사는 도전하는 자의 것이다."라는 역사학의 아버지 레오폴드 폰 랑케의 말을 바탕으로 자녀들이 열정을 기지도록 교육하여야 한다.

20

배고프면 밥 한 그릇 달라고
말할 수 있는 교육이 필요하다

노벨상 수상자가 되기 위해서 부모들이 자녀들에게 가르쳐야 할 교육은 배고프면 "밥 한 그릇 주세요."라고 당당히 말할 수 있는 정신 교육이다. 이것이 바로 글로벌 교육이자 정신이다. 사실상 한국인들과 서양인들의 차이점은 우리 동양인들은 남의 체면 때문에 배가 고파도 배가 고프다고 말하지를 못한다는 점이다.

이는 바로 조선시대의 『양반전』에 나오는 양반들이 가지고 있는 나쁜 행태이자 습관 때문이다. 양반은 배에 쪼르륵 소리가 나는데도 물만 마시고 남 앞에서는 이쑤시개로 이를 쑤신다고 한다. 남에게서 뺨을 맞는 것이 아파서라기보다는 망신당할까 무서워서 아무 일도 못하는 사람들이 많다. 그러나 현대 글로벌 시대는 그런 점잖은 사람을 필요로 하지 않는다.

글로벌 시대로 인해서 전 세계의 금융권이 자유롭게 이동하고 있기 때문에 자국의 보호를 위해서는 높은 관세를 부과하여야 하지만, 한편으로는 무역의 자유화로 인해서 수출을 올려야 하기 때문에 관세율을 인하하는 자유무역을 채택하여야만 한다. 반면에 외국의 금융권이 몰려들지 않고 빠져나가는 경우에 잘못하면 국제 경제에서 고립 상태에 빠져들 수 있다. 다음으로 세계 노동시장이 자유롭게 드나들고, 다국적 기업들이 국경과 국적을 떠나서 자유롭게 드나들어야 자국의 경제가 번영하는 시대에 돌입하였다.

이러한 현상을 '신자유주의 시대'라고 부른다. 정부는 큰 정부에서 작은 정부로의 축소가 필요하며, 동시에 시민단체 등 NGO와 연계하여 업무를 확대시켜 나가야만 국가의 성장을 도모할 수 있는 시대이다.

21세기는 글로벌화 시대이다. 글로벌화 시대란 세계가 전 세계의 지구촌화 현상이 나타나서 세계가 국적이 없어져 버린다는 것이다. 이러한 시대일수록 우리는 다른 나라 사람들을 배타적으로 대할 것이 아니라, 그들의 문화와 풍습을 이해하고 그들과 융화되어 가는 정신이 필요하다.

현재 우리는 전 세계 국가들과 자유무역협정인 FTA를 체결해 나가고 있다. 외국인들과 비즈니스를 포함하여 모든 일에 거래를 하지 않고서는 살아 나갈 수 없는 시대가 도래하였다. 길거리에서 많은 다른 인종의 외국인들을 보는 것은 어려운 일이 아니다. 그들은 비즈니스맨, 학생, 종교인을 포함하여 다양한 직업군을 가진 사람들이다.

그들 중에서 필리핀과 태국 등 동남아 후진국에서 온 사람들에 대해서는 경계를 하고, 영미나 유럽 국가의 사람들에 대해서는 주눅이 들어 있다. 이러한 편견은 세계화 시대에 역행하는 사고이다. 글로벌 시대에 서양인들이 가장 좋아하는 사람이 누구인지를 생각해 보아야 한다.

서양인들은 "배고프면 밥 한 그릇 주십시오."라고 당당하게 말하는 사람을 가장 좋아한다. 직장이 필요하면 "나 취업 좀 시켜 주십시오."라고 소리치는 사람을 좋아한다. 필요를 간절히 소망하는 사람을 현대인늘은 좋아하고 아름답게 바라본다. 따라서 자녀교육에서 가장 중요한 것은 자녀들이 솔직하게 자신의 사정을 남에게 당당하게 말할 수 있는 용기를 키워 주는 정신 교육이다.

인간은 누구나 다 경우에 따라서는 위기에 처할 수 있다. 또한 경우에 따라서 배가 고플 수도 있다. 이때 자녀들이 당당하게 필요한 것을 말하는 습관이 필요하다. "밥 한 그릇 주세요."라고 말하여서 설령 그가 뺨을 때린다고 해서 겁을 먹을 필요가 없다. 그것보다 더한 당장 옆구리에 칼이 들어오더라도 당당하게 말할 수 있는 교육을 부모는 시켜야만 한다. 이것이 바로 글로벌 시대에 노벨상을 받기 위한 교육이다.

21

어떤 친구를
사귈 것인가에 대한 교육

성공하는 데에는 자신이 알게 된 사람이 중요한 역할을 한다. 인생에서 친구나 지인을 잘 만나서 그들과 함께 일한 결과 성공한 사람들이 적지 않다. 소위 말하는 '인덕이 있는 사람'이라고 한다. 실제로 노벨상을 받는 사람들 중 상당수가 자신과 함께 연구를 하거나 아니면 그들로부터 정보나 물질적인 도움을 받아서 노벨상을 수상하는 경우가 하다하다.

우리나라 옛 속담에 "부모 팔아서 친구를 산다."는 말이 있다. 이 말은 자신에게 반드시 필요하고 중요한 친구를 자신과 가장 친한 친구로 만들기 위해서 부모의 재산을 모두 팔아서 친구에게 갖다 준다는 말이다. 이처럼 인간이 살아 나가는 데 있어 친구는 정신적으로나 물질적으로 아주 중요한 역할을 한다.

"친구 따라 강남 간다."는 말이 있다. 여기서 말하는 '강남'이란 서울의 중심지인 강남 지역을 말하는 것이 아니라, 지금으로 말하면 저 멀리 떨어진 동남아시아 지역을 말하며 당시로 말하면 친구를 따라서 지구의 끝까지도 간다는 것을 말한다. 이처럼 자신과 같이 지내는 친구는 잘 골라서 지내면 형제보다도 더 나은 사람이 될 수 있다.

또한 사춘기 시절에 친구를 잘못 만나서 인생에서 낙오자가 되는 경우가 허다하다. 나쁜 친구들과 어울려서 술을 마시고 용돈이 궁해서 절도를 하거나 아니면 마약에 손을 대는 행위도 대개는 혼자서 하는 것이 아니라 친구들과 어울려서 하는 경우가 대부분이기 때문이다. 인간은 누구나 자신과 가장 가까이 있는 사람으로부터 자신도 모르게 물이 들게 마련이다.

교육학적으로 보면 피어그룹이 굉장히 중요한 역할을 한다고 본다. 피어그룹으로부터 가장 영향을 많이 받을 때는 사춘기 전후라고 할 수 있다. 이때는 아이도 아니고 어른도 아닌 질풍노도의 시기이기 때문이다.

속담에 "사람을 낳으면 서울로 보내고 말을 낳으면 제주도로 보내라."는 말이 있다. 까마귀와 어울리는 사람은 새까맣고 초라한 존재가 되고, 공작새와 어울리면 공작처럼 우아하고 아름답게 된다. 이 말은 인간은 자신과 어울리는 사람에 따라서 자신의 위치가 변하게 된다는 말이다.

대부분의 사람들은 자기와 비슷한 처지의 사람들과 어울린다. 소위 말하는 '끼리끼리 어울린다'는 말이다. 자신이 어느 정도 성공을 하면 과거에 있던 부류의 사람들 틈에서 벗어나서 더 나은 부류의 사람들과 합세하고 그들의 틈에 들어가려고 한다. 앞에서도 이미 언급한 것처럼 대개가 사람을 잘 만나서 성공을 한다.

자신이 그 분야에서 성공을 하고 싶다면 아예 그쪽으로 가서 그 옆에서 서성거리다 보면 기회를 잡고서 성공할 확률이 높다. 예술 분야 중에서 음악 분야에서 성공을 하고 싶으면 줄리아드 음악학교의 최고의 선생을 찾아가서 그 밑에서 배우고 나서야 최고의 경지에 오르게 된다.

　또 여행을 통해서 문화적인 관점에서 도움이 되고자 하면, 우리 나라보다도 문화적으로 앞선 나라를 여행하여야 한다. 경제적으로 견문을 넓히고자 하면 우리나라보다 경제적으로 선진화된 나라를 방문하여야 한다. 우리나라보다 문화적으로나 경제적으로 후진국인 동남아나 아프리카를 여행해서는 별로 큰 도움이 되지 않는다.

　대부분의 사람들은 자신과 비슷한 사람들과 어울리기를 원하거나 아니면 자신보다 조금 못한 사람과는 쉽게 어울린다. 자신보다 못한 사람과 어울리면 자신의 마음이 편안해진다는 생각 때문이다. 또 자신보다 못한 사람에게는 자신의 우월성을 나타낼 수 있기 때문이다.

　그러나 자신과 비슷한 사람과 어울리는 사람은 더 이상 발전하지 못하고 그 자리에서 머물고 만다. 또한 자신보다 못한 사람과 어울리는 사람은 자신보다 못한 사람의 수준으로 내려가는 퇴보되는 인생으로 변하게 된다. 자신도 모르게 수준 낮은 사람으로 변하게 된다. 이에 반해 자신보다 수준이 높은 사람으로부터는 조금이라도 배울 것이 있다. 자신보다 수준 높은 사람과 어울리는 그 순간부터 자신도 모르게 물이 들어서 덕을 보게 되는 것이다.

옛말에 "없는 풍창보다는 있는 땡촌이를 따라 다니라."는 말이 있다. 여기에서 '없는 풍창'이란 지갑에 돈은 비어 있으면서 돈이 생기면 술과 밥을 사겠다는 사람이다. 친구에게 술과 밥을 사 주고 싶은데 지갑이 비어서 사 주지는 못하는 사람이다. 또 '있는 땡촌이'라는 말은 돈은 있으면서도 절대로 지갑을 열지 않는 구두쇠를 말한다. 경우에 따라서는 땡촌이도 지갑을 열기 때문에 그 옆에 붙어 있다 보면 얻어먹을 기회가 생긴다는 것이다. 돈을 가지고 있는 구두쇠가 돈이 없는 인심 좋은 사람보다 낫다는 말이다.

인간은 성공을 하기 위해서는 성공한 사람들의 주변에 있어야 한다. 성공한 사람들과 함께 있다 보면 자신도 성공한 사람으로 변하게 된다. 또 실패한 사람 주변에 있게 되면 자신도 모르게 실패한 사람들이 하고 있는 행동에 물이 들게 된다.

자녀들이 인생을 성공적인 삶을 살아가기 위해서는 자신보다 나은 사람들과 친분 관계를 가지려고 노력해야 한다. 그렇게 될 때 자신의 삶도 머지않아 성공한 삶을 살아가게 될 것이다. 이것은 부모가 자녀들 교육에서 항상 가르쳐야만 한다.

다음으로 중요한 사실은 자신과 코드가 맞는 사람과 친구가 되고 일을 함께하여야만 한다. 인간이 살아 나가면서 코드가 맞는 사람과 함께 일을 하고 사귀어야 자신이 스스로 행복해지고 하는 일에서도 성공을 거둔다. 만일 코드가 맞지 않는 사람과 같이 일을 하는 경우, 일이 잘 돌아가지 않을 뿐 아니라 항상 불만족한 상황에서 생활하게 된다.

신발은 맞지 않으면 그 자리에서 벗어 버리고 다른 신발로 바꾸어 신을 수 있지만, 사람은 그 자리에서 버릴 수가 없다. 따라서 자신의 행복과 성공을 위해서 가장 중요한 일은 자신과 코드가 맞지 않는 사람과는 우선적으로 코드를 맞추어 보려고 노력하여야 한다.

그래도 그 사람과 코드가 화합하는 일이 불가능하다고 판단되는 경우에는 여지없이 그 사람과 단절을 선언하여야만 한다. 자신에게 인간적으로 진실성을 가지고 않고 허위로 자신을 대한다는 것을 알게 되면, 그 사람과 가차 없이 단절하여야 한다. 만일 그 사람과 누이 좋고 매부 좋고 하는 식으로 서로서로 이용 가치만을 생각하고서 지속적으로 관계를 유지해 나가는 경우에는 반드시 그 사람으로부터 큰 피해를 입게 되어 있다.

부모들은 항상 자녀들에게 코드가 맞는 사람과 함께 일하도록 교육을 시켜야 한다. 자신에게 진실로 대하지 않는 것을 알면서도 인간관계를 맺어 나가는 경우, 그 사람은 인생에서 결코 득이 되지 않고 백해무익한 사람이 될 것이다. 결단력을 가지고 매몰차게 그 사람과는 단절을 선언하고서 새로운 사람을 사귀어서 자신의 인생을 행복하게 만들어 나가야 한다. 이 점 역시 부모가 자녀들에게 철저히 교육해야 할 부분이다.

10대나 20대는 인생에서 성공을 향해서 달려 나가는 준비 단계다. 장래가 촉망되는 아이들과 사귀어야 그들로부터 성공적인 삶의 방법을 조금이라도 배우며 자기 스스로가 행복한 삶을 살아가게 된다. 장래성이 있는 사람들의 삶 속에서 자신도 모르게 동화되어서 쉽게 성공의 지름길을 찾게 되기 때문이다.

이에 반해 실패한 사람들과 사귀게 되면, 그 실패한 사람들이 자신과 같이 실패하여 같이 놀도록 물귀신처럼 끌어들인다. 자신도 실패한 사람에게 맞추어서 사고하다가 결국에는 실패한 인생을 살아가게 된다.

이처럼 인생을 살아가면서 친구가 자신의 삶에 중요한 역할을 하고 있음을 알아야 한다. "보신 놈 옆에 있다가 벼락 맞는다."라는 말이 있다. 부모들은 자녀들의 성공을 위해서 장래가 촉망되는 친구의 필요성을 항상 강조하여야만 한다.

리더로 키우는 엄마 리더로 만드는 아빠

22

자아 혁명을
교육하라

　노벨상 수상자가 되기 위해서는 인격적으로 혼자만의 성공을 향해서 달려 나가는 인간이 되어서는 안 된다. 국가와 민족의 성공을 향해서 달려 나가는 리더가 되어야만 한다. 반면 자신의 분야에서는 천재성을 보여야만 한다.

　대부분 천재들은 타고난 능력의 소유자가 아니라 노력에 의해서 이루어진 인물들이라는 사실이 여러 가지 자료를 통해서 검증되었다. 실제로 천재라고 불리는 많은 사람들은 엄청난 노력을 기울인 사람들이다. 마지막 1퍼센트까지의 정신력을 집중하는 사람이 성공을 하고 그렇지 못한 사람은 실패를 한다.

　젊은이들이 성공하기 위해서는 평탄하고 평범한 길을 가서는 안 된다. 그들이 가야 할 길은 바로 순풍에 돛을 단 뱃길이 아니라 역류를 향해서 돛을 단 배로, 험난한 파도의 뱃길을 향해서 달려 나가야만 비로소 성공할 수 있다. 최근 디지털 혁명의 덕을 본 대표적인 성공인 빌 게이츠 역시 역류를 향해서 헤엄쳐 나간 사람이다. 인류 삼대 혁명을 통해서 민주주의를 인류에게 확실하게 만들어 준 존 로크와 장 자크 루소와 토마스 홉스 역시 그들은 강한 왕정에 도전하여 거센 역류를 타고서 강한 비바람과 파도에 시달린 이들로, 순탄한 인생은 아니었다.

천재 작곡가 악성 베토벤 역시 귀머거리라는 치명적인 문제점을 극복하고 성공한 인물이었다. 이처럼 성공을 크게 하기 위해 더욱더 많은 시련이 도사리고 있다. 성공을 막 눈앞에 두고서 99퍼센트의 사람들이 자신의 한계로 인정하고 도전을 포기해 버린다.

인간은 불완전한 존재이다. 완전하다면 인간은 여기에 존재하지 않을 것이다. 인간 존재의 불완전성을 극복하기 위해서 노력하고 최선을 다할 때, 그 인간은 비로소 아름다워 보인다. 궁극적으로 인간에게 필요한 것은 성공과 실패의 문제를 초월하여 목표를 향해서 매진해 나가는 자세이다.

10대와 20대의 자녀들에게 필요한 것은 자아 혁명을 시키는 교육이다. 20대에 자아 혁명에 성공한 사람은 바로 제임스 딘과 체 게바라다. 제임스 딘은 안락하고 평안만을 추구하는 50년대 미국 사회의 젊은이들의 얼굴에 찬물을 퍼부은 인물이다. 영화 〈에덴의 동쪽〉, 〈자이언트〉 등에서 그는 시대의 반항아였다. 그러나 그는 단순한 반항아가 아니었다. 당시 허물어져 가는 젊은이들에게 새로운 사고를 주입시키고 미국 사회를 한 단계 성숙한 단계로 끌어올리는 데 크게 기여한 인물이다.

당시 20대의 제임스 딘이 존재하지 않았더라면, 미국 사회는 단순히 물질만 숭상하고 풍요로움만을 추구하는 허물어져 가면서 동시에 황폐해져 가는 T. S. 엘리엇이 말하는 '황무지'로 변하고 말았을 것이다. 20대의 성공을 위한 야망을 사회에 대한 역류로서 도전한 제임스 딘은 엘리엇의 황무지 땅을 장미꽃 피는 옥토로 만드는 데 결정적인 역할을 하였으며, 당시 미국 사회는 새로운 변화를 추구하여 케네디의 뉴 프런티어 정신을 탄생시키는 계기를 마련하였다. 서부 영화와 섹스 영화에 실증을 느끼면서 미국인들은 새로운 무엇을 갈망하였으며, 바로 미국인들이 갈망한 것은 딘의 사고의 혁명이었다.

제임스 딘과 함께 20대의 성공의 혁명을 위해서 도전한 인물은 바로 체 게바라이다. 게바라는 의사로서 평탄한 길을 걸어갈 수 있었음에도 불구하고 일부러 험하고 힘든 고난의 길을 택하였다. 게바라는 카스트로를 도와서 쿠바 혁명에서 성공을 거두었다. 젊은 나이에 카스트로와 카스트로의 친동생인 라울 카스트로와 함께 쿠바의 3대 권력의 핵심에 들어가는 인물로 부상하였다.

체 게바라는 카스트로와 함께 평생을 부귀와 영화와 권력을 누릴 수 있었음에도 불구하고, 카스트로 곁을 떠나서 아르헨티나를 비롯한 남미 국가에 혁명의 수출을 위해서 출발하였다. 그의 혁명의 수출에 대한 정신은 젊은이들이 성공을 위해서는 역류를 향해서 진군하는 사고를 가져야만 한다는 것을 잘 보여 주고 있다.

체 게바라는 비록 30대의 젊은 나이에 사형을 당하기는 하였지만, 그가 남긴 사고는 지금도 살아남아서 젊은이들이 살아가는 데 올바른 방향을 제시하고 있다.

조선시대 말기에 부패된 사회를 개혁하기 위해서 일어섰던 홍경래를 우리는 생각해 볼 수 있다. 홍경래는 혁명의 거사에는 비록 실패하였지만, 그가 한 말은 후세 젊은이들에게 큰 교훈을 남겨 주었다. 그는 "인간이 꿈을 위해서 혁명을 일으켰다가 실패하기도 일쑤고 성공하기도 일쑤다. 그러나 중요한 것은 뜻을 세워서 한번 밀어붙여 본다는 것에서 진정한 의미를 부여하여야 한다."고 주장 하였다.

인간은 한번 태어나서 누구나 다 죽는다. 소크라테스나 플라톤 도 인간이기 때문에 죽는다. 따라서 20대 젊은이들은 자신이 세운 목표가 실패로 돌아가는 한이 있더라도 그 꿈을 세우고 그 목표를 향해서 달려 나가는 데 큰 의미와 비중을 두어야만 한다.

10대와 20대의 젊은이, 그들은 누구인가? 그들은 열정은 가지 고 있으되 이성보다는 감정에 치우치는 경향이 매우 강하므로 위 험한 인간 존재다. 10대와 20대는 성공을 위해서는 열정을 바탕으 로 하여 무한한 속도로 달려 나가만 한다. 그들은 스스로 열정을 가지고 있어야만 하지만, 동시에 그 열정을 남에게 불어넣을 수 있어야만 한다. 만일 그 열정을 다른 사람에게 불어넣어 주지 못 한다면 그 열정을 큰 효력이 없다.

열정 이상으로 젊은이들이 가져야 하는 것은 바로 이성이다. 이 성을 바탕으로 하기보다는 감성을 바탕으로 하기 때문에 그들은 실수를 하기가 쉽다. 감성은 젊은이들이 가지고 있는 공통분모이 기 때문이다.

또한 젊은이들에게 필요한 것은 성공을 위해서 끝까지 밀어붙 이는 뚝심과 추진력이다. 그러나 대부분 현대의 젊은이들은 중간에 쉽게 포기해 버린다. "성공이 가장 눈앞에 있을 때가 가장 절망적으로 보인다."는 말이 있다. 대개 마지막 고비만 넘기면 성공할 수 있음에도 불구하고, 대부분의 사람들은 성공을 눈앞에 두고서 포기해 버린다. 따라서 부모들은 자녀들에게 끝까지 포기하지 말고 밀어붙일 것을 늘 격려해 주어야 한다.

현대 젊은이들이 성공을 위해서 가져야 할 사고는 유연성이다. 대부분 젊은이들은 강철과 같이 단단한 사고를 좋아한다. 강철과 같이 단단한 사고는 젊은이들의 사고에 맞는다. 그러나 강철은 겉으로는 강해 보이지만 쉽사리 부러지고 녹이 슬어버린다. 이에 반해 유연성을 가진 연철은 휠지언정 절대로 부러지지는 않는다.

따라서 인생에서 성공을 위해서 필요한 것은 연철과 같이 유연한 자세로 매사에 대응해 나가는 자세다. '외유내강(外柔內剛)'이라는 사자성어가 있다. 겉으로는 부드러우면서 속으로는 강한 사고를 말한다. 젊은이들에게 필요한 정신은 바로 외유내강의 정신인 것이다.

현대 사회는 컴퓨터가 인간을 지배하는 시대로 변화되고 있다. 초기의 빌 게이츠의 마이크로소프트사의 컴퓨터 켜는 소리를 들으면서 전 세계 인류는 하루 일과를 시작하였으나, 지금은 애플사가 만든 스마트 폰 속에 휴대전화를 비롯하여 모든 정보를 들고 다닌다.

확실히 현재 전 세계에서 가장 유명한 영웅은 빌 게이츠와 스티브 잡스로, 이들 두 명이 세계를 지배해 나가고 있다. 그러면 이 두 사람이 왜 이렇게 유명한 인간으로 변화되었을까? 그 원인을 분석해 보면, 그들은 10대나 20대 때 다른 동년배인 10대와 20대들과 다른 사고를 가지고 있었기 때문이다.

빌 게이츠는 남들이 모두 부러워하는 대학의 재학 시절에 학교를 그만두는 모험을 감행하였으며, 스티브 잡스 역시 주변에 다니던 대학을 그만두어 버렸다. 그들은 확실히 남과는 다른 사고를 가지고 있었다. 빌 게이츠는 이미 1970년대 중반에 미래는 컴퓨터가 지배하는 시대라는 것을 예견하고서 컴퓨터에 집중하였다. 애플사를 설립한 스티브 잡스 역시 개인용 컴퓨터 만들기에 집중하였다.

잡스와 게이츠는 출신 성장 배경이 다르기는 하다. 게이츠는 부유한 변호사의 아들이지만, 잡스는 부모가 없는 입양아로서 자라서 보다 과격한 성격을 소유하는 인물로 성장하였으나 두 사람 모두 혁신적인 사고를 바탕으로 70년대와 80년대 컴퓨터 혁명을 일으켰다. 그러나 게이츠가 좀 더 보수적이며 안정적인 스타일을 추구해 나가는 인물이었다.

스티브 잡스와 빌 게이츠 모두 일반적으로 평범한 사람들과는 다르게 10대 때부터 다른 길을 택하였기 때문에 그들은 현재 성공의 길을 달리고 있는 것이다. 만일 빌 게이츠가 다니던 하버드 대학에서 학업을 계속하였더라면, 그는 어떻게 되었을까? 게이츠는 분명히 평범한 샐러리맨에 지나지 않았을 것이다. 또한 스티브 잡스 역시 다른 사람들과 같이 학업을 계속하였더라면 그의 성격에 동네에다 조그마한 컴퓨터 회사를 차려서 고장 난 컴퓨터나 수리하였을 것이다.

20대가 지나기 전에 명심하여야 할 일은 남과는 다른 혁신적 사고를 가지고 접근하는 정신이 필요하다는 것이다. 다시 말하면, 역류를 향해서 헤엄쳐 나가야만 성공을 할 수 있다.

스티브 잡스와 빌 게이츠 모두 앞으로 어떻게 될지 모르는 미지의 세계에 위험을 감수하면서 뛰어들어서 세계의 역사를 다시 쓰는 영웅이 되었다. 그렇다면 인류의 역사는 누가 만드는 것인가?

인류의 역사를 만들고 쓰는 사람은 바로 역사에 도전하는 사람들이다. 인류의 역사를 통해서 뛰어난 인물은 모두가 죽음을 각오하고 모험을 감행한 혁명가들이다. 인류의 역사에서 과거나 현재나 미래에 남보다 한발 앞서서 나가는 사람이 승자가 되며, 역사에 남는 인물로 기록된다.

10대와 20대에 해야 할 일은 바로 남과의 차별화된 사고를 가지고, 편안한 자세를 가지지 말고 쉬운 물길도 순행을 할 것이 아니라 역행을 하여야 한다. 다시 말하면, 역류를 향해서 헤엄을 쳐서 거슬러 올라가는 기질을 연마하여야만 한다. 인생을 무사안일하게 평범한 사람으로 살아서 평범한 인간으로서 인생을 끝을 맺을 것인가, 아니면 인생에서 위험과 모험을 감수하고 치열하게 살아서 인류의 역사에 이름을 남기는 인물이 될 것인가는 10대와 20대에 결정된다.

성공에 필요한 것은 재주와 능력이 아니라, 하겠다는 목표와 의지이다. 노벨상 수상자를 희망하고 훌륭한 자녀를 키우려는 부모들은 항상 자녀들에게 평범한 길을 갈 것이 아니라 힘든 역류를 향해서 헤엄치는 도전 정신의 교육을 지속적으로 시켜야만 한다.

23

인생은 마라톤이라는
교육의 필요성

　인생은 마라톤이 아니라 단거리 경주이며, 길고 짧은 것은 대어 보지 않고서도 금방 발견할 수 있다는 것을 알 수 있다. 와이셔츠나 상의를 입기 위해 단추를 끼워 넣을 때 첫 단추를 잘못 끼우면 단추를 벗겨서 다시 단추를 끼워 넣는 새로운 작업을 시작하여야만 한다. 그렇게 되면 옷을 입는 시간이 첫 단추부터 잘 끼워 넣을 때보다 약 두 배의 시간이 더 소요된다.

　길고 짧은 것은 대어 보아야 안다는 말도 결국 인생은 마라톤이기 때문에 처음에는 잘못되더라도 나중에 잘될 수 있기 때문에 낙심을 하지 말라는 위로의 말이다. "인생은 마라톤이다."라는 말과 "길고 짧은 것은 대어 보아야 안다."는 논리에 대해서 긍정에서 부정으로 돌아섰다가 다시 긍정으로 반복을 되풀이한다.

　그리스의 괴짜 철인 제논은 제논의 역설로 유명하다. 제논의 역설은 느림보 거북이와 그리스에서 가장 빠른 용사 아킬레우스가 서로 경주를 하는 경우, 만일 거북이가 한 걸음이라도 먼저 출발을 하면 그 경주는 거북이가 승리를 한다는 것이다. 그리고 용사 아킬레우스가 한발이라도 앞서서 출발을 하는 경우에는 아킬레우스가 그 경주에서 승리를 한다는 것이다. 제논은 당시 삶을 살아가는 젊은이들에게 인생에서 출발이 얼마나 중요한 것인가를 강조하기 위해서 이와 같은 주장을 하였다.

단거리 경주에서는 출발이 좋아야 경주에서 승리할 수 있다. 100미터 단거리는 초를 다투는 경주이다. 이에 반해 약 43킬로미터를 달려야 하는 장거리 마라톤에서는 출발이 별로 큰 의미가 없다. 오히려 나중에 힘을 내기 위해서 처음에는 앞에 주자를 내세워서 뒤에서 따라가는 경우도 흔히 사용하는 전략이다.

'대기만성(大器晚成)'이라는 사자성어가 있다. 큰 그릇은 나중에 만들어진다는 것이다. 사과를 비롯하여 크고 맛있는 과일은 나중에 서서히 익는다. 크고 좋은 도자기는 오랜 시간을 거친 후에야 만들어진다. 칼도 수많은 담금질을 통해서 명검이 만들어진다.

인생도 이와 마찬가지이다. 최후까지 노력을 하는 사람이 결국 승리를 한다. "최후에 웃는 자가 가장 잘 웃는다."라는 말이 있다. 초기에 잘나가는 사람은 얼마 가지 못해서 내려앉는다. 달은 차면 기운다는 말과 같이, 빨리 차는 사람은 그다음에는 기울 수밖에 없는 것이 자연의 철칙이다. 회사에서도 빨리 승진을 하는 사람은 그만큼 조기에 퇴사를 하여야 한다. 인생도 길고 짧은 것은 두고 보아야 한다는 말이 있다. 인생에서 조금 앞섰다고 오만하던 사람은 대부분 뒤따라오는 사람에게 자리를 빼앗기고 만다.

"인생은 마라톤이다."라는 말은 누구나 다 아는 평범한 진리이다. 마라톤에서 앞서고 있다는 것은 뒤따라오는 사람에게 자신을 추적할 힘을 주고 있기 때문에 자신이 더욱 겸손해서 분발하지 않으면 곧장 뒤따라오는 사람에게 경주에서 지게 된다.

마라톤 경주와 같이 인생에서도 처음 어느 정도까지는 힘을 길러 두었다가 어느 정도의 힘이 생기게 되면 그때부터 본게임에 들어가서 최선을 다하는 전략이 필요하다. 초기에 너무 앞서가서 나중에 지쳐 버리는 인생 전략은 좋은 전략이 못 된다.

인생에서 승자가 되기 위해서는 초기에 앞서가는 사람을 부러워할 것이 아니라, 힘을 길러서 본게임에서 승리를 할 수 있는 부단한 노력이 필요하다. 마라톤에서 마지막 승자는 초기에 힘을 내어서 앞서 나가는 주자가 아니라, 마지막에 낼 수 있는 힘을 비축해 두는 현명한 전략을 사용하는 주자이다.

이렇듯 인생을 살아가면서 인생은 마라톤이라는 평범한 진리를 거울삼아 부모들은 자녀들의 교육을 마라톤에 비유하여 교육할 필요성이 있다. 특히 노벨상을 수상할 정도의 큰 인물을 양성하기 위해서는 마라톤과 같은 장기적인 교육이 필요하다.

24

진보적
프런티어의 삶

　인생에서 노벨상 수상을 할 정도로 성공적인 삶을 살아가기 위해서 필요한 사고는 무엇인가? 진보적 사고인가, 아니면 보수적 사고인가?

　인생에서 성공하기 위한 조건은 무엇인가에 대해 세계적인 석학 막스 베버는 첫째는 모티브, 즉 계기가 있어야 한다고 말한다. 계기를 위해서는 자기가 성공을 하기 위한 기회를 찾아서 나서야 한다. 도널드 트럼프와 같이 부동산으로 부자가 되기 위해서는 부동산과 관련된 곳으로 찾아가야 하고, 조지 소로스와 같이 투자로 성공하기 위해서는 투자와 관련된 분야로 연구를 시도하여 계기를 만들어야 한다.

　이처럼 자신이 성공하고자 하는 분야에서 부자가 된 사람에게 찾아가서 기술과 방법을 터득하여야 한다. 혼자서 연구하고 이해하는 것보다 이미 성공한 사람으로부터 노하우를 배우게 되면 실패의 함정으로부터 피해 나갈 수 있기 때문이다.

두 번째 성공 조건은 모험을 감수하여야만 성공을 한다는 것이다. 모험을 감수한다는 것은 호랑이를 잡기 위해서는 호랑이 굴로 뛰어 들어가야 하는 것을 말한다. 독수리를 잡기 위해서는 독수리를 유인하여야 하며, 보물섬을 찾기 위해서는 해적들이 가지고 있는 보물지도를 목숨을 걸고서라도 **빼내야** 한다.

세 번째 성공 조건은 운이 따라야 한다는 것이다. 파스칼의 말과 같이 인간은 대자연의 주변 환경에 비교하면 약한 갈대에 불과하다. 주변의 변화와 자신의 계획이 맞아떨어져야만 성공을 거둘 수가 있는 것이다. 서양인들이 자신의 미래에 대해 점성술사들에게 물어보는 것은 예측불허의 미래 상황에 대비하고자 하는 심리에서 지푸라기라도 잡으려는 심리에서 나온 미신인 것이다.

성공을 하기 위해서는 자신도 예상하지 못한 행운이 따라 주어야만 한다. 그 운이라는 것은 그냥 가만히 있는다고 해서 따르는 것은 아니다. 감나무 근처에 가서 누워서 감이 떨어지도록 기다려서는 안 된다. 막스 베버의 인간이 성공하는 세 가지 조건 중에서 가장 중요한 것은 위험을 감수하는 삶이다.

현재 미국 스탠포드 대학의 실리콘 벨리에는 이미 수많은 젊은 이들이 백만장자의 대열에 들어섰다. 그들은 전부가 다 벤처기업으로 성공을 이루어 낸 사람이다. 벤처기업의 '벤처'라는 말은 영어의 '어드벤처', 즉 모험이라는 말에서 나온 말이다. 벤처기업의 정신이 바로 모험 정신인 것이다. 벤처기업 100개 가운데 5개만 성공을 하고 나머지 95개는 전부 망해 버린다. 다시 말하면, 벤처기업을 해서 성공할 확률은 5퍼센트라는 아주 적은 성공 확률을 가지고 있다는 것이다.

이토록 성공할 확률이 작은 벤처기업에 뛰어든다는 것은 위험한 삶을 감수한다는 것을 의미한다. 현재 실리콘 벨리에는 전 세계에서 성공을 이루기 위해서 많은 젊은이들이 모여든다. 그들의 삶은 거친 파도를 헤쳐 나가는 항해사와도 같다. 그들의 배는 금방 뒤집어질 것과도 같은 위험 속에서 파도와 싸우면서 나가고 있는 것이다.

산업혁명은 영국의 제임스 와트와 같은 발명가에 의해 이루어졌지만, 산업혁명의 완성은 현재 벤처기업을 운영하는 젊은 벤처기업가에 의해서 이루어지고 있다. 질풍노도 속에서 언제 배가 뒤집어질지 모르는 작은 배에 매달려서 배를 모는 그들의 삶이 있기에, 인류는 디지털혁명을 비롯한 초기 산업혁명에서 한 단계 나아가 인류의 산업혁명을 완성 단계로 접어들고 있는 것이다.

만일 위험을 감수하지 않고서 편안하게 살기를 원한다면 인생에서 대성공은 불가능하다. 다행히도 현재 전 세계에서 많은 젊은이들은 벤처정신을 살려서 위험한 도전적인 삶을 살아가고 있다. 인생에서 편안하게 하루하루를 보내는 삶을 살아갈 것인가, 아니면 위험을 무릅쓰고 성공을 위한 도전적인 삶을 살 것인가는 우리 스스로가 다시 한 번 생각해 볼 일이다.

노벨상 수상도 바로 벤처 정신과 같은 맥락에서 이해할 수 있다. 노력하고 그다음에는 운을 기다야 한다. 그리고 남과 같은 평범한 사고에서 노벨상 수상이 이루어지는 것이 아니다. 부모는 자녀들을 이처럼 다르게 교육하고 키워야만 한다.

남들보다 별나 보이는 옷을 입는다거나 시대에 앞서 나가는 생각을 가진다거나 같은 길이라도 다른 길로 돌아서 가 보는 사람들을 우리는 '막히지 않은 사람'이라고 한다. 반면에 옷이나 넥타이 등 한 가지만을 그대로 입고서 길도 똑같은 길만 그대로 가는 융통성이 없어 보이는 사람을 우리는 '보수적 사고를 가진 사람'이라고 한다.

주변의 변화에 맞추어서 같이 변화를 추구해 나가지 않는 사람들을 '보수주의 성격을 가진 사람'이라고 한다. 다시 말하면, 보수는 재미없는 사람과 같아 보인다. 반면에 진보는 외형상 재미있어 보이며, 친근감과 호감이 간다.

보수와 진보에 대해서 학문적인 관점에서 보면 굉장히 지루하고 복잡하다. 보수는 현실주의를 추구하는 반면, 진보는 이상주의를 지향하는 사상이다. 인류 역사를 통해서 진보는 이상을 향해서 노력하여 인류를 어느 정도 불안정하게 만들기는 하지만 인류의 역사를 한 단계 끌어올리는 데 중요한 역할을 하였다. 또 보수는 진보가 불안정하게 만들어 놓은 혼란을 안정화시켜서 역사가 광란의 역사 속으로 내몰리지 않도록 제동을 거는 브레이크 역할을 하였다.

이렇듯 진보와 보수 모두가 인류의 발전을 위해서 필요하며, 사실상 둘 다 인류 발전에 있어서 원동력으로서 중요한 요소이다. 인류 역사를 통해서 보수주의자의 대명사는 영국의 사상가 에드먼드 버크를 들 수 있으며, 진보주의 사상가로는 영국 옥스퍼드학파인 이상주의자 토마스 힐 그린을 들 수 있다.

에드먼드 버크는 프랑스 혁명에 대해서 그의 논문 「프랑스 혁명에 관한 고찰」에서 프랑스 혁명에 대해서 반대를 하였다. 버크의 사상은 점진적인 사회 변혁을 추구해 나가는 사상이다. 반면에 그린은 이상주의 사회를 꿈꾸는 현대 사회복지 제도의 창시자이다.

인간이 삶을 살아가는 데 진보적인 사고를 가져야 하는가, 아니면 보수적인 사고를 가져야 하는가는 자신의 성격과 시대에 따라서 다르기는 하다. 보수는 안정을 추구하는 삶을 살아간다. 반면에 진보는 불안정한 삶을 추구하기는 하지만 발전적인 삶을 살 수가 있다.

진보적 사고는 획일화된 사고에서 벗어나서 앞으로 전진해 나가는 사고이다. 연령을 기준으로 보수와 진보를 구분해 보면, 젊은이들은 대부분 진보적 사고를 가지고 있으며 나이가 들어갈수록 점차적으로 보수적 사고를 가지게 된다. 국가를 보더라도 현재 미국인들은 대부분 보수적인 사고를 가지고 있다. 보수를 대변하는 미국의 공화당이나 진보를 대변하는 민주당은 둘 다 동전의 앞면과 뒷면 정도의 차이밖에 없다. 우리가 생각했던 아메리칸 드림을 꿈꾸던 개척기의 미국인들이 가지고 있었던 진보적 사고는 세계 패권국이 되면서 사라지고 안정을 추구하는 보수적 사고로 변하였다.

인간은 자신의 발전을 위해서는 획일적인 사고에서 벗어나서 매일 다른 방향으로 변화된 생활을 추구해 나가야 한다. 진보는 변화된 사고를 요구하고 있다. 그리고 새로운 생활 방식을 요구하고 있다.

매일 똑같은 업무를 반복적으로 하면서 바깥바람 쐐기를 거부하는 사람들은 발전이 없는 사람들이다. 같은 옷이라도 재미있게 입어 보고 매일 직장으로 가는 길도 다른 길을 택해서 가 보는 정신이 필요하다. 매일 사용하는 인터넷의 바탕도 새롭게 변화된 바탕으로 깔아 보는 것도 좋은 방법이다. 남들이 하지 않는 머리 모양을 하고 남자가 귀걸이를 한다거나 여자가 남장을 하는 것도 진보적인 사고의 전초전이라고 할 수 있다.

이처럼 외모 같은 사소하고 작은 일에서부터 틀에 박히지 않은 진보적 사고에서 출발할 때, 진정한 자신의 내면 변화를 추구하는 진정한 진보적 사고가 확립된다고 생각된다. 노벨상을 수상하기 위해서 필요한 사고는 바로 진보적 사고를 바탕으로 한 교육이다.

25

해리 포터로부터
독립적 모험 정신을
배워야 한다

해리 포터 시리즈는 여름 방학이 시작되면 항상 새로운 시리즈로 영화화하여 전 세계의 어린이들을 열광시키고 있다. 『해리 포터와 마법의 잔』을 비롯하여 해리 포터 시리즈는 동양으로 말하면 귀신과의 한 판 싸움을 벌이는 일이다. 서양의 마법사인 마귀는 동양으로 말하면 귀신에 해당된다. 그렇다면 해리 포터가 전 세계 부모들로부터 주목을 받는 이유가 무엇인가? 또한 교육적인 가치는 어디에 있는가?

바로 주인공이 부모가 없는 결손 가정에서 자란 어린이들로서 그들 스스로가 부모의 도움 없이 모험을 감행하는 도전적인 정신을 가지고 있다는 것이다. 해리 포터의 작가는 분명히 그 소재의 주인공을, 20세기 최고의 베스트셀러가 된 『오즈의 마법사』의 저자인 프랭크 바움의 소설 속 주인공을 모방하지 않았나 하는 생각이 든다.

『오즈의 마법사』와 해리 포터를 좀 더 자세하게 살펴보자. 먼저 『오즈의 마법사』는 프랭크 봄의 작품으로서 20세기에 해리 포터와 함께 전 세계 어린이들이 가장 많이 읽은 작품이다. 동양과 서양의 차이점은 동양은 귀신을 내세워서 인간 사회에서 일어나는 권선징악을 표현하는 반면, 서양에서는 마술을 통해서 인간 사회의 문제점을 해결해 나가고자 한다는 점이다.

오즈의 마법사와 해리 포터는 인간은 어린 시절부터 스스로 문제를 해결할 수 있도록 하는 자립심을 키워야만 성공 할 수 있다는 것을 보여 준다. 두 작품에서 주인공들의 공통점은 이모와 숙모에게서 키워졌다는, 즉 부모가 없는 집안의 어린이라는 점이다.

인간은 살아 나가는 데 있어 성공을 하느냐 그렇지 않은가는 그 사람이 부모로부터 얼마나 빨리 독립하느냐에 달려 있다. 인간은 누구나 발을 편한 쪽으로 뻗으려는 심리가 있다. 그래서 인간은 누구나 부모에게 의존해서 일을 하지 않고서 편안하게 살려는 심리가 있다. 부모 역시 자식들을 편안하게 뻗어 나가도록 하고 싶은 인간적 본능을 가지고 있다.

그러나 어려움을 모르고서 부모의 힘으로 어려움을 극복하는 사람은 인생에서 성공을 할 수가 없다. 부모의 보호막에서 벗어나지 못한 사람이 성공한다는 것은 낙타가 바늘구멍에 들어가기보다 확률이 낮다. 잔디나 식물도 고이 보살피는 식물은 추위나 가뭄에 금방 죽어 버린다. 처음부터 물이 부족하거나 건조한 땅에서 자란 식물은 추위나 가뭄에 끝까지 잘 버티어 나간다.

이와 마찬가지로, 스스로 밑바닥부터 다양한 경험을 한 사람은 웬만한 위기와 시련도 극복해 낼 수 있다. 10대와 20대 젊은이들은 오즈의 마법사나 해리 포터와 같이 자기 스스로가 독립을 하고 자신에 대해서 책임감을 느끼고 또한 성공을 위한 모험을 감행하여야 한다. 여기에는 자식에게 독립심을 주겠다는 부모의 노력과 교육이 필요하다.

콜럼버스가 지구가 둥글다는 확신을 가지고 모험을 건 항해를 하지 않았더라면, 그는 아메리카대륙을 발견한 역사적인 인물로 기록되지 못했을 것이다. 남극과 북극을 발견한 탐험가 아문젠과 피어리 역시 모험 정신이 없었더라는, 오늘날과 같은 그들의 존재는 없었을 것이다. 인류 최초로 심장이식 수술을 시도한 버나드 박사 역시 모험을 걸지 않았더라면 인류의 심장이식은 늦어졌을 것이다. 최초로 우주 탐험에 도전한 우주인들도 마찬가지로 생명을 건 모험을 감행하였기에 그들의 도전 정신은 인류의 귀감이 되고 있다.

10대와 20대 자녀들에게 필요로 하는 정신은 부모로부터 빨리 독립하여 자기 스스로 책임감을 가지고 인생을 살아가는 도전 정신이다. 부모들은 바로 이러한 도전 정신에 필요한 교육을 시켜 나가야 자녀들이 노벨상 수상자와 같은 큰 인물로 성장할 수 있다.

26

항상 잠들기 전
10분간 명상을 해야 한다

　사람들의 하루 일과는 대개 24시간을 나누어 볼 때, 8시간은 잠을 자고 8시간은 일을 하고 나머지 8시간은 일을 하기 위한 준비 시간이라고 할 수 있다. 인간은 누구나 다 24시간의 공통된 시간을 가지고 살아 나가고 있다. 그리고 그 24시간을 얼마나 효과적으로 사용하느냐에 따라서 인간은 엄청난 차이점을 발견하게 된다.

　인간이 사용하는 24시간 중에서 가장 중요한 시간은 아마 잠들기 전에 사람이 오늘 한 일을 다시 피드백하여 되새겨 보는 일일 것이다. 자신이 오늘 한 일과 중에서 무슨 일이 가장 중요한 일에 해당하며 성공적으로 일을 수행하였는지에 대해서 연구하고 다시 피드백하여 다음 날에는 좀 더 효과적으로 일할 수 있는 방법을 연구하는 일이 중요하다.

　그리고 만일 오늘 한 일 중에서 별로 성공적이지 못하도록 일을 하였다면, 이것을 앞으로는 어떻게 처리해 나가야 할지에 대해서 다시 연구를 하여 다음에는 실수가 일어나지 않도록 하겠다는 다

짐을 해야만 한다. 이렇게 자신이 오늘 한 일에 대해서 반성을 할 기회를 가지는 사람과 오늘 할 일에 대해서 반성을 가지지 않는 사람과는 얼마 후에는 엄청난 차이가 난다.

미국을 현재의 패권국으로 도약하도록 기초를 만든 대통령은 바로 시어도어 루스벨트 대통령이다. 그는 해군 차관 출신으로, 파나마 운하에 대한 건설 계획을 수립하였으며 미국을 세계 최고의 해양국으로 만든 장본인이다.

그는 리더십을 중요시 여겨 리더는 인재를 발굴할 수 있는 능력이 있어야 한다는 점을 강조하였다. 또한 리더는 부하에게 권한을 위임하고 분담하는 임파워먼트를 하여야 하며, 참을성을 가지고 부하가 한 일에 대해서 기다려야 한다는 현대의 리더십 기술에 대한 기본 방향을 제시하였다.

인생을 살아가면서 조그마한 자투리 시간이 인생을 바꾼다는 것을 보여 주는 일화가 있다. 바로 미국의 26대 대통령 시어도어 루스벨트 대통령의 학창 시절 이야기에서 찾아볼 수 있다.

루스벨트가 고등학교에 다닐 때, 그는 항상 2등만 하였다. 1등을 하는 학생은 항상 일등만 하였다. 승부욕이 강한 루스벨트는 자존심이 허용하지 않았다. 그는 어떻게 하면 1등을 할 수 있을까 고심한 결과, 일등을 하고 있는 학생보다 10분간만 공부를 더하기로 계획을 세웠다. 맞은편에 있는 1등 학생의 기숙사 방의 불이 꺼지고 나서 10분간 더 공부를 하고나서 자신도 불을 끄고 잠자리에 들었다.

그런데 이상하게도 10분간 더 공부한 효과는 바로 나타났다.

그 학생을 제치고 1등을 한 것이다. 루스벨트는 이후 계속해서 그 학생보다 10분간을 공부를 더한 결과, 1등을 하던 학생을 제치고 수석으로 졸업하였다. 10분간의 노력은 인생을 이렇게 바꾸어 놓았다.

인간은 누구나 밤에 침대에서 잠들기 전에 오늘 한 일과 내일 할 일에 대해서 단 몇 초라도 생각을 한다. 종교인들의 경우는 하느님 혹은 부처님에게 내일은 더 나은 희망이 있도록 기도를 하고서 잠자리에 든다.

우리가 살아 나가면서 자신이 잠들기 전에 오늘 한 일에 대해서 10분간을 연구 분석하고 다시 피드백하여 가장 좋은 방법을 찾아 놓고서 다음 날 어제 저녁에 계획한 방법대로 추진해 나가도록 노력해 보라. 10년 후, 그 사람은 10분간을 할애하지 않고 그냥 잠들어 버리는 사람과는 완전히 다른 성공의 길로 가고 있을 것이다.

현대를 살아가는 부모들은 자녀들이 잠들기 전에 10분간 명상을 할 수 있도록 하는 습관을 어릴 적부터 길러 주어야만 한다. 어릴 적부터 오늘 한 일에 대해서 잠들기 전 10분간만이라도 다시 연구하고 분석하여 가장 합리적인 대안을 찾아서 다음 날 새로운 방법으로 접근을 시도해 나가는 습관을 부모가 교육시켜야만 한다. 이러한 합리적인 생활 방식은 자녀들이 성공을 향해서 나가는 가장 지름길이라고 생각한다.

27

영어 공부는
가까운 곳에서 시켜라

세계화 시대에 맞춰 한국의 부모들은 자녀들의 영어 공부시키기에 열을 올리고 있다. 글로벌 시대에는 영어가 세계 공통어이기 때문이다. 그런데 그중에서도 보다 극성을 부리는 부모는 영어 외에 중국어나 일어도 가르치고 있다.

사실 어학은 일찍 배우면 배울수록 효과가 크다. 나이가 들어서 배우면 쉽게 효과를 볼 수가 없다. 몇 년 전에는 부모들이 아이들의 영어 실력을 향상시키기 위해 원어민 국가로 조기 유학을 보내면서 기러기 아빠가 유행하던 시기가 있었다. 미국뿐만 아니라 호주와 영국 및 심지어 영국이나 미국의 식민지 국가였던 나라들인 싱가포르나 필리핀 등에서도 영어를 공식어로 사용하기 때문에 많은 학부모와 학생들이 그곳을 찾아서 나서곤 했다.

영어도 이제는 미국식 영어나 영국식 영어가 아니라 호주식 영어, 필리핀식 영어 등 각양각색의 발음으로 표현하고 있다. 이렇게 영어를 공식어로 채택하지 않은 국가의 사람들이 원어민 수준의 언어를 구사하기 위해 노력하고 있으나, 아주 어릴 적에 영어를 사용하는 국가에서 살지 않는 이상 원어민과 같은 발음은 사실상 불가능하다. 그런데 더욱 중요한 것은 원어민과 같은 발음이 아니라, 얼마나 유창하게 영어를 표현하느냐이다.

"업은 아이 삼 년 찾기"라는 말이 있다. 자신이 아기를 등에 업고 있으면서 자신이 아기를 업고 있다는 사실을 까맣게 잊어버리고 그 아기를 3년 동안이나 찾아서 헤맨다는 것을 의미한다. 이 말은 실지로 자신이 찾는 중요한 일은 바로 자신의 가장 가까이에 있다는 사실을 모르고서 먼 곳으로 중요한 일을 찾아 나선다는 것을 의미한다.

요즈음 글로벌 시대에 가장 필요한 것은 영어를 비롯한 외국어 공부이다. 외국어 실력을 향상하기 위해서 대부분 사람들은 어학연수를 떠난다. 그러나 사실 수개월 내지 1년 정도의 어학연수는 사람에 따라서 다르기는 하지만, 큰 효과를 보지 못한 채 시간과 돈만 낭비하고서 돌아오는 경우가 허다하다. 물론 영어 원어민들이 있는 나라에 어학연수를 하면 겉으로 보기에는 크게 도움이 될 것 같지만, 사실은 가까이에서도 얼마든지 어학을 잘 배워서 어학연수보다 수십 배의 효과를 볼 수 있다.

인생을 살아가면서 대부분의 사람들은 자신이 필요로 하는 것이 먼 곳에 있다는 생각을 한다. 지금부터 약 백 년 전, 아프리카 남아공에서 세계에서 가장 큰 다이아몬드 광이 발견되었다. 당시 일확천금의 꿈을 가지고서 다이몬드 광을 찾아서 나선 한 젊은이에 대한 일화가 있다. 아이러니 하게도 그 다이아몬드 광이 발견된 곳은, 바로 다이아몬드 광을 찾아서 자신의 모든 재산을 다 팔아서 전 세계 각지로 헤매다가 거지가 되어 다시 자신의 고향으로 돌아온 그 젊은이의 집 앞마당이었다.

놀랍겠지만 이것은 실제로 있었던 사건이다. 이처럼 우리는 모든 금은보화나 중요한 것들은 전부 다 멀리 있다고만 생각한다. 그러나 실제로 보면, 대부분 우리에게 정말 필요하고 중요한 것은 바로 우리 가까이에 있다. 앞에서 살펴본 "업은 아이 3년 찾는다." 라는 말과 "등잔 밑이 어둡다."라는 말은 바로 이것을 두고 하는 말이다.

인생을 살아가면서 대부분의 사람들은 필요한 것들을 멀리서 찾으려는 생각을 가지고 있다. 공부도 미국이나 영국과 같이 먼 나라에 가서 공부를 해야만 더 많은 것을 배운다고 생각한다. 우리나라는 특히 지역적으로 대국인 중국에 눌려서 살아온 근성 때문에 남의 나라의 문화나 문물을 높이 평가한다. 일상생활에 필요한 모든 물건들도 외제를 선호하는 경향이 있다. 외제의 상표가 붙어 있어야만 더욱 고급스러운 물건인 줄 알고 있다.

또 우리의 실생활과 관련된 모든 것들이 다 영어로 쓰여 있어야 세련되었다고 생각한다. 커피도 스타박스 커피에 대적하기 위해서는 영어로 된 이름을 가진 커피숍이라야 어느 정도 장사가 된다. 얼마 전 강남의 고급과 명품만 취급하는 점포에서 전부 중국산 가짜 상품에 이태리나 미국 등의 유명 상표를 붙여 판매하여 수백 배의 차익을 남기다 적발된 사례가 있었다.

역사적으로도 우리나라의 세종대왕께서 만들어 놓은 한글은 우습게 여기고 중국의 한문만을 중시 여겨 왔다. 중국의 문물을 중시하고 영어를 가까이 하는 것도 중요하지만, 우리의 고유한 전통은 살려 나가면서 서양의 발달된 문화를 받아들여야만 가치가 있게 된다. 서양 속담에 "옆집 잔디가 더 푸르러 보인다."라는 말이 있다. 남의 것만 좋아하고 우리 것은 천하게 여기는 마음을 버리고 세계화 추세에 맞는 삶을 살아가야하지 않나 하는 생각이 든다.

학부모는 외제 선호주의에서 벗어나서 바로 자국의 것이 외국의 것보다 낫다는 사고를 가져야만 한다. 그리고 자녀들에게 실속위주의 삶을 살아가도록 교육시켜야만 한다.

28

사고의 패러다임을
지속적으로 바꾸어라

　20세기의 지성인이자 사회운동가인 버트란트 러셀 경은 "진정한 인생은 새로운 패러다임의 연속이다."라는 말로 인생을 표현한다. 10대와 20대 젊은이들이 가져야 할 사고는 무엇인가? 바로 하루하루 자신에 대한 끊임없는 변화를 추구하여 매일 다른 하루를 창조해 나가는 일이다.

　노벨상을 수상하고 인생에서 성공하기 위해서 10대와 20대가 가져야 할 마인드는 사고의 패러다임을 자신의 주변 환경에 맞추어서 지속적으로 변화를 추구해 나가는 것이다. 주변의 트렌드에 맞추기 위해서는 지속적으로 주변의 환경에 대해서 연구하고 분석하여야 한다. 더불어 기존의 고정 관념에 대해서 깨뜨리는 습관을 길러야 한다.

　대학생이 되었음에도 불구하고 고등학교 시절의 사고에서 벗어나지 못하고 그대로 고등학생의 사고를 가지게 되면 그 사람은 퇴보를 하게 된다. 조직에서도 고급관리자가 되었음에도 불구하고 초급관리자 시절의 사고를 그대로 유지하는 사람은 조직에서 성공을 하지 못할 뿐만 아니라 조직의 파이프라인은 막혀 버린다.

따라서 자신이 타고나면서부터 가지고 있는 본질이라도 후천적인 주변 환경에 맞추어서 지속적으로 변화시켜서 새로운 패러다임의 변화시켜 나가야만 한다. 앞에서 수차례 언급한 "실존은 본질에 앞선다."는 말은 바로 인간은 자신이 태어날 때 가지고 있던 본질에 지속적으로 손질을 가해서 변화시켜 나가야만 한다는 것이다. 자신이 태어날 때는 동그라미 모양의 인간형으로 타고났지만, 주변의 변화에 맞추어서 새로운 물질을 계속해서 부어 넣어서 6각형이나 8각형의 인간형으로 지속적으로 변화를 추구해 나가야만 한다.

'패러다임'이라는 말은 여러 가지 의미를 함축하고 있다. 인간이 가지고 있는 내적인 사고부터 시작해서 행동에 이르기까지 넓은 의미로 이해할 수 있다. 그러나 한마디로 간략하게 요약하면 패러다임이란 '유형'이라는 말이다. 그 유형에는 '습관'이라는 말이 내포되어 있다. 따라서 패러다임은 사고의 습관이라고 할 수 있다.

자신이 중학교와 고등학교 시절인 10대 때는 어떤 패러다임의 인간이었는지를 생각해 보아야만 한다. 또한 10살 이전에는 어떤 패러다임의 인간이었는지를 분석해 보아야 한다. 1990년생의 경우 1990년에서 2000년까지 10년 동안 자신의 변화를 정확하게 분석해 볼 필요가 있다. 대부분 유아기를 거쳐서 유치원과 초등학교 3학년까지의 기간 동안 자신의 내적인 요소와 외부환경은 어떠한 형태로 변화를 하였으며, 그 외부의 변화에 자신은 어떻게 대처를 하였는가를 과학적으로 분석해 볼 필요가 있다.

10대 시절에 자신이 잘 못 나간 경우에는 왜 내가 10대 때에는 잘 못 나갔는가를 여러 가지 측면에서 연구를 통해서 분석해 볼 필요가 있다. 이것을 분석하기 위해서 10살 이전과 10살 이후를 비교분석하는 방법이 필요하다. 분명히 초등학교 3학년 때까지는 모든 일이 잘 풀려 나갔지만 10대에 들어서면서 일이 풀려 나가지 못한 원인은 주변 환경에 잘 적응하지 못했기 때문인지 아닌지를 연구하여야 한다.

그러기 위해서는 주변 환경의 변화 요소들이 무엇인지를 조사하여야 한다. 특히 친구나 가족들을 비롯하여 자신에게 가장 영향을 줄 수 있는 피어그룹을 생각해 보아야 한다. 자신의 피어그룹은 대개 유치원 친구나 초등학교 친구들과 그 밖의 방과 후에 공부하는 학원 친구 등이 있으니, 여러 가지 요인들을 분석해 볼 필요가 있다. 피어그룹으로부터 자신은 인간관계를 어떻게 하였는지를 분석하고, 다음에 10대인 중·고등학교 시절을 분석해 볼 필요가 있다.

다음으로 10대인 중·고등학교 시기 또한 10대를 전반기와 후반기로 나누어서 분석해 보아야 한다. 10대 전반기인 중학교 시절에 자신에게 가장 크게 영향을 끼친 요소가 무엇인지를 분석해 보아야 한다. 특히 10대 초반기는 신체적으로 발달하고 동시에 성격상으로도 변화가 찾아오는 사춘기를 겪게 된다. 대부분 사춘기에는 인생에서 부모를 비롯하여 누구에게나 반항하는 반항기를 겪게 된다. 사춘기를 스스로 어떻게 보냈는지를 연구하고, 자신의 피어그룹의 친구들은 어떻게 그들이 사춘기를 보냈는지를 생각해 보아야 한다.

그다음에 10대 후반기인 고등학교 시절에 자신은 어떻게 보냈는지를 연구 분석해 보아야 한다. 특히 10대 후반기는 신체적으로 거의 다 성장한 시기이며 성공에 대한 호연지기를 키울 시기이다. 인생에 있어서 어느 정도 중요한 대학 입시에 자신의 주변 환경이 상당한 영향을 미치는 시기이다.

자신의 현재의 위치와 입장을 10대에 자신이 한 행동과 비교할 필요가 있다. 10대에 자신이 원하는 대학에 들어가지 못하고 실패를 하였다면, 분명히 그 원인을 현재 시점에서 과거를 분석하면서 찾아보아야 한다. 10대에 실패한 원인을 분석하여 정확하게 알고서 앞으로 성공을 위해서 새로운 패러다임을 만들어 나가야만 한다.

10대에 자신이 목표를 세우고 준비를 하였던 대학이 S대학 이었는데, 실지로 자신은 S대학에 들어가지 못하고 K대학에 들어갔다고 가정해 보자. 그러면 S대를 목표로 열심히 노력을 하였음에도 불구하고 K대학밖에 못 들어간 원인을 알게 되면, 20대에 자신이 목표로 세운 목적지에 도달하기 위해서는 새로운 패러다임으로 접근을 하여야만 10대의 실패에서 벗어나서 20대와 그 이후의 인생에는 성공을 거두게 되는 것이다.

따라서 우선 10대를 구분하여 10대 전반기인 중학교 시절과 10대 후반기인 고등학교 시절을 분석해 볼 필요가 있다. 중학교 시절은 고등학교 시절보다는 입시 경쟁이 치열하지 않았기 때문에 조금만 공부하면 누구나 우등생이 될 수 있다. 따라서 중학교 시절에는 조금의 노력으로도 잘나가는 시절을 보내게 된다.

그러나 고등학교 시절에는 자신의 패러다임을 변화시켜 나가지 않으면 안 된다. 대학 입시라는 목표를 향해서 자신뿐만 아니라 누구나 다 그쪽으로 패러다임을 맞추어서 매진해 나가고 있기 때문이다. 중학교 시절에 자신이 맞추어 나가던 패러다임을 주변 환경에 맞는, 즉 '입시'라는 목표에 맞춰 변화시켜 나가야만 한다. 자신의 목표가 S대학이라면 다른 피어그룹의 친구들보다 더욱더 자신의 패러다임을 변화시켜서 매진해 나가야만 한다. 자기 스스로 S대학에 합격할 만큼의 노력을 하지 않는 패러다임을 추구해 나갔기 때문에 결국 자신은 S대학은 못가고 K대학 수준에만 머무른 것이다.

10대까지 자신이 목표를 세워서 성공하지 못한 것을 분석하여 다시는 실패가 되풀이되지 않도록 대비를 하여야만 한다. 그렇지 못하면 결국 20대와 그 이후에도 똑같은 오류를 범하게 된다.

20대를 비롯한 젊은이들은 항상 과거 잘나가던 시절을 그리워하고 자랑할 것이 아니라, 현재와 장래를 위해서 과거의 자신을 연구 분석하여 현재와는 비교하고 미래를 설계해서 추진해 나가야만 한다. 미국 소설 『위대한 개츠비』에서와 같이 자신의 과거는 잊어버리고 현재와 미래만을 생각하는 젊은이가 되어야 한다.

과거를 회상하는 인생은 이미 다 끝이 난 정년퇴임을 한 사람들이 모여서 자신의 과거나 생각하는 퇴물들이다. 장래의 희망을 가진 젊은이들은 과거에는 절대로 구속되거나 과거 자신이 미미한 존재였다는 것에 대해서 절대로 기가 죽어서는 안 된다. 과거의 자신의 패러다임을 지속적으로 연구 분석하여 새로운 패러다임을 만들어 나가는 데 참고하여야만 한다.

　역사학자인 에드워드 카는 『역사란 무엇인가』에서 과거의 역사와 현재를 보면 미래의 역사를 알 수 있다고 말한다. 인류의 역사도 과거의 패러다임과 현재의 패러다임을 연구 분석하면 미래의 인류의 패러다임을 알 수 있다는 것이다. 역사학의 석학 아널드 토인비는 "역사는 그 자체를 되풀이한다."라고 말한다. 이처럼 인간의 개개인의 미래는 현재와 과거의 패러다임을 분석하면 충분히 예상할 수 있다.

　다시 요약하면, 10대와 20대 젊은이들에게 성공을 위해서 가장 중요한 요소는 주변 환경과 자신의 환경을 맞추어서 지속적인 변화를 추구해 나가면서 새로운 패러다임을 만들어 나가는 일이다.

　특히 과거의 성공과 실패를 정확하게 분석하고 대응하여 새로운 패러다임을 지속적으로 개발해 나가는 일 역시 필요하다. 따라서 부모는 성공적인 자녀 교육을 위해서 새로운 패러다임을 지속적으로 연구하여야 한다.

29

유연성을 가지도록
교육하라

노벨상 수상을 위해서 가장 중요한 요소 중의 하나가 바로 획일화된 인간이 아닌 유연성을 가지도록 만드는 교육이다. 10대와 20대 젊은이들이 성공을 위해서 가져야 하는 또 하나의 중요한 사고는 바로 유연성이다.

가령 자신은 19세에 대학에 입학하고 그다음 해에는 다른 학생들과 같이 군대 2년 동안 가서 군복무를 마치고 다시 복학하여 대학을 졸업하고 대학 졸업과 동시에 직장에 취업을 하여 얼마 후에는 집을 장만하기 위해서 은행에 대출하여 집을 장만하고, 또 그다음 해에는 결혼을 하고 다시 아들과 딸을 하나씩 낳고 등등의 계획은 하지 말아야 한다. 이러한 사고는 인생에서 젊은이들을 소시민으로 만드는 경직된 사고이다.

경직된 사고에서 벗어난 유연성이 있는 사고는 모든 것을 상대적으로 볼 수 있는 능력을 키우는 일이다. 절대적 사고와 상대적 사고 가운데 상대적 사고를 가지고 인생을 설계해 나가야만 인생에서 성공을 한다. 또한 사회적 통념과 개인적 조건은 다른 것이다. 고대 그리스 시대의 철인 프로타고라스와 동시대의 소크라테스의 사고에서 현대 20대 젊은이들이 성공을 추구해 나가기 위해서는 필요한 사고가 무엇인지를 알 수 있다.

프로타고라스는 "만물의 척도는 인간이다."라는 유연 적 사고를 그의 사고의 출발점으로 삼고 있다. 이는 주관주의를 대표하는 사고로, 자신은 사회의 통념에 따르는 것이 아니라 자신에게 맞는 사고를 추구해 나가야만 한다는 사고이다. 이러한 프로타고라스의 사고는 현대 세계 패권국 미국의 실용주의 사고에 가장 중요한 요소가 되고 있다.

실용주의는 아주 더운 한여름에도 자신이 춥다는 생각이 들면 남의 눈을 무시하고 털외투를 입고 나가고, 넥타이를 매어야 할 곳에 자신이 목을 넥타이로 감는 것이 불편하다면 노타이 차림에 구두 대신 운동화를 신고 나가는 사고를 말한다. 소위 시쳇말로 젊은이들 사이에 유행하는 비속어로는 '남의 눈치를 보지 않고서 꼴리는 대로 행동한다는 것'과 일맥상통하는 면이 있다.

반면에 소크라테스는 객관성을 중요시 여기고 있다. 그는 아테네 시민을 위해서 "악법도 법이다."라는 말과 델포이 신전에 새겨진 "너 자신을 알라."는 말을 스스로 실천에 옮긴 철인이었다. 철인과 철학자와는 다르다. 철인은 자신의 사고를 스스로 실천에 옮기는 사람을 말한다. 반면 철학자는 자신의 사고를 남에게 제시는 하지만 실천에 옮기지는 않는 사람을 말한다.

염세주의 철학자 쇼펜하우어는 "인간은 태어나지를 말았어야 한다. 부득이 태어났으면 일찍 죽어야 한다. 일찍 죽지 않으면 자살을 하라."고 강요하였지만, 정작 자신은 금욕생활을 하면서 자살을 하지 않고 자신의 관리를 철저히 하며 오래 살았다. 이러한 쇼펜하우어식 사고를 가진 사람을 '철학자'라고 부른다. 반면에 소크라테스와 같이 자신의 사고를 몸소 실천에 옮긴 사람을 '철인'이라고 한다.

소크라테스식 사고는 남을 위해서 살아가는 사고를 가진 사고이다. 남에게 보여야만 하는 동양의 공맹사상과도 일맥상통한다. 동양인들은 남을 위해서 자신이 불편하더라도 참고 살아간다. 점잖은 것을 중요시 여기는 사고를 지녔기 때문이다.

소피스트를 대표하는 철학자 프로타고라스의 사고와 인류의 4대 위인인 철인 소크라테스의 사고 중에서 누구의 말에 따라야 현대의 젊은이들은 성공 할 수 있는가? "악법도 법이다."라는 말을 지키기 위해서 그른 줄 알면서 독약을 마시고 죽어 버린 철인 소크라테스의 말을 젊은이들은 따라서는 안 된다. 당연히 스스로를 위해서 독약 마시는 일을 거부하여야만 한다.

또한 "자신을 알라."는 말, 즉 오만하지 말고 점잖은 사람이 되어야 한다는 말은 옳지 못하다. 현대 젊은이들에게 점잖다는 말은 좋은 말이 아니다. 현대 젊은이들이 성공을 위해서는 젊잖다는 말을 부정하고 혐오하여야만 한다. 점잖다는 말은 영어의 'gentle'이나 'noble'과는 다르다. 영어로 'gentle'이라는 말은 사회 정의를 바탕으로 하여 옳고 그름을 분명히 하는 사회의 정의를 실현하기 위해서 인생을 살아가는 사람을 말한다. 서양 사회에서 보는 점잖다는 말과 동양 사회에서 보는 점잖다는 말은 완전히 다르다.

동양 사회에서 점잖다는 말은 공맹사상을 발판으로 사회의 규범과 테두리를 벗어나지 못하는 소시민의 사고를 가진 사람에게 사용한다. 동양의 공자사상의 근원은 춘추전국시대에 사회의 안정을 위해서 만들어진 사상이다. 동양이 서양에 뒤진 이유에 대해 내부분의 사회학사들은 공사사상에 근원을 두고 있다. 동양 사회에서 점잖은 사람이란 자신이 불이익을 당하더라도 참고 사는 무능력한 인간을 말한다.

동양의 역사가 침체의 역사라면, 서양의 역사는 광란의 역사다. 서양은 역사상 고대로부터 서로의 존재를 인식하고 서로를 이해시키면서 자신의 존재를 인정받고 다른 사람의 존재를 인정해 주기 위해서 투쟁을 계속해 왔다. 바로 서양의 역사는 인간 존재의 존중을 바탕으로 한 역사인 것이다.

이에 반해 동양 사회는 사회 안정이라는 목표를 향해서 자신의 존재를 없애 버리는 삶을 누리도록 강요해 왔다. 따라서 동양인들에 점잖은 인간이 되라는 것은 사회의 소시민으로 남과 나이 많은 선배를 따라서 고정된 패러다임을 그대로 답습하고 유지해 나가라는 말이다.

동양 문화를 대표하는 중국에서 20세기에 시작된 공자 비판 사고는 20대 젊은 엘리트들에 의해서 시작되었다. 모택동 역시 당시 공자 비판 사상을 가진 인물이었다. 결국 20대 젊은이들이 성공하기 위해서는 자신이 가지고 있는 사고의 패러다임을 지속적으로 변화시켜 나가야만 한다.

이러한 서양인들과 동양인들의 사고의 차이는 문명과 문화적 발달의 차이를 가져왔다. 그렇다면 서양의 젊은이들의 사고의 문제점은 무엇인가? 서양의 젊은이들이 가지고 있는 사고 가운데 자신을 너무 물질 중심의 사회로 주도해 나가는 사고가 문제점으로 여겨지고 있다.

18세기부터 시작된 산업혁명 이후 서양 사회는 모든 것을 물질 중심 사회로 변화를 추구해 나가기 시작하면서 인간이 가지고 있는 본질도 함께 변화되기 시작하였다. 서양의 물질 중심 사회는 결국 인간의 정신을 황폐화시키는 결과를 초래하였다. 너무 풍부한 물자는 인간사회에 절대적으로 덕이 되지를 못한다.

현대 서구의 젊은이들은 물질 만능에 눈이 어두워서 돈을 버는 곳으로만 몰리고, 돈 버는 행동은 무엇이든지 하려는 사고에 젖어 들고 있다. 이러한 현상은 20대 젊은이들이 선호하는 학과에서도 여실히 드러나고 있다. 대부분 돈을 잘 버는 경영학과나 의과대학이나 공과대학으로만 몰리는 경향이 농후하다.

물론 자본주의 사회에서 돈을 버는 문제를 외면해서는 안 된다. 인간이 살아가는 데 있어 돈은 자신의 피와 같이 중요하다. 피가 없는 생명이 존재할 수 없듯이 돈이 없는 경우에는 자신이 하고 싶은 일을 추구해 나가지 못하기 때문이다. 문제는 인생을 돈을 버는 것에만 목적을 두고 경직된 인생을 살아가는 젊은 세대들이 늘어나고 있다는 점이다.

돈은 인간에게 필요악이다. 돈이 가장 중요하고 귀하지만, 반면에 돈이 가장 추한 물질이다. 요즈음 신문이나 뉴스를 통해서 부정행위를 하다가 구속된 사람들을 많이 본다. 이들은 돈을 버는 방법론적 차원에서 문제가 있는 사람들이다. 돈은 세 가지 의미에서 힘들다. 돈을 벌기가 힘이 들며, 그보다 더욱 힘이 드는 행위는 번 돈을 유지하는 일이다. 그리고 마지막으로 가장 힘든 일은 번 돈을 사용하는 일이다.

현대 20대 젊은이들이 성공하기 위해서는 돈에 대한 인식이나 사고를 돈을 버는 데에만 두지 말고, 돈을 벌어서 어디에다 쓰겠다는 뚜렷한 목표의식을 가진 사고도 동시에 가지는 유연성을 보여야만 한다.

빌 게이츠가 왜 모두가 부러워하는 하버드 대학을 포기했는가? 또한 왜 모든 사람들이 두려워하는 사업을 시작하였는가? 빌 게이츠의 성공은 바로 유연성을 바탕으로 하고 있다. '반드시 나는 이것만을 해야지!' 하는 사람은 절대 성공하지 못한다. 이러한 융통성이 없는 소크라테스식 문답법의 사고를 가진 사람은 크게 성공을 못한다.

인생에서 성공하기 위해서는 20대 젊은이들은 부동산 투기법도 알고 있어야 한다. 부동산 투기는 한국과 같은 좁은 땅에 사는 사람에게는 편법으로 돈을 버는 방법이기 때문에 사회에서 부정행위로 간주되고 있다. 부동산 투기를 하는 사람은 한국 사회에서 국회청문회 등 철저한 검증을 통해서 공직사회에 진출하지 못하게 하는 등 아예 매장시켜 버린다. 따라서 젊은이들은 부동산 투기를 해서는 안 된다.

그렇지만 부동산 투기는 어떻게 하는가에 대해서는 알고서 전문가가 되어야만 한다. 왜냐하면 부동산 투기는 나쁘기 때문에 근처에도 가지 말아야만 한다는 사고로 부동산 투기법을 아예 모르는 사람과, 부동산 투기법이 무엇인지를 알고서 하지 않는 사람과는 다른 일을 할 때도 엄청난 차이를 보이기 때문이다. 이것이 바로 사고의 경직성과 유연성의 차이점이다.

부동산 투기법을 알고서 하지 않는 사람은 다른 일에도 성공할 수 있는 잠재력을 가진 사람이다. 그러한 사고를 가지고 있는 젊은이들은 반드시 성공에 접근하는 방법도 먼저 배운다. 삶에서 소크라테스식 경직성은 결국 자신을 무너뜨리고 만다. 애꾸나라에서는 두 눈을 가진 사람은 핸디캡인 장애인으로 여겨진다.

한국과 같이 돈을 버는 데 부동산 투기가 필요하다면, 투기법은 기본적으로 알아 두어야만 한다. 또한 요즈음 돈 버는 데 주식투자가 필요하다면, 주식투자법은 책을 사서 보든 또는 증권사 직원을 찾아가서 배워서든 그 방법은 알고 있어야만 하는 유연적 사고를 가지고 있어야만 한다.

요즈음 젊은 사람들은 건강을 중요시 여긴다. 젊은이들 중에는 매일 헬스클럽에 나가서 운동을 하는 사람이 많다. 또한 건강이 나빠질까 봐 담배를 피우기를 중단하며, 술이 몸에 나쁘기 때문에 술은 절대로 입에 대지 않는 젊은이들이 많아지고 있다. 이렇게 젊은이들 중에서 건강에 관심을 가지는 사람들이 증가한다는 것은 좋은 현상이다.

그러나 반대로 젊은이들에게 사고의 경직성을 초래하여 좁은 사고의 테두리로 몰아넣어 버린다. 미국 작가 T. S. 엘리엇의 『황무지』에서처럼 현대인들의 감정을 황무지와 같이 황폐하게 만들어 버린다. 인류가 지구상에 태어나면서 시작된 음주문화는 인간에게 낭만과 문명의 창조에 모티브를 제공해 주었다.

젊은이들이 술을 너무 마셔서 간을 비롯하여 건강을 버리면, 평생을 두고 고통당하는 경우가 허다하다. 문제는 젊은 시절에 건강때문에 술을 먹지 않는다는 사고는 버려야 한다는 것이다. 건강이 겁이 나서 술을 먹지 않는다는 사고는 구더기가 무서워서 장을 담그지 못한다는 사고와 같기 때문이다.

경직된 사고는 젊은이들이 성공에 필요한 도전적 사고를 상실하게 만든다. 젊은 시절에는 술을 마음껏 마시고 술에 취해서 비틀거리고 술을 토해 내는 낭만도 있어야만 한다. 술독에서 허우적거리는 낭만과 유연성을 가지고 있어야만 성공할 수 있다.

세계 제2의 경제 대국 일본인들이 항상 하는 말은 학교의 우등생은 사회의 우등생이 아니며, 반면에 학교의 열등생이 사회의 우등생이 된다는 것이다. 이미 이러한 말이 일본 사회에 하나의 통념으로 자리 잡고 있다. 이 말은 무엇을 의미하는 것인가?

학교의 우등생은 학교 내에서 선생님이 지시하는 일에만 충실히 하는 사람들이 대부분이다. 그들에게 부족한 것은 바로 유연성이다. 대부분 학교에서 선생님이 지시하는 일에 잘 따르고 학교 규칙을 잘 지켜서 학점을 잘 따는 사람들이 대부분 학교에서 우등생이 되지만 그들에게 부족한 것은 유연성이 부족하다. 그러나 사회에서 요구하는 것은 그 당시 상황에 잘 적응할 수 있는 유연성이다.

사회에서 성공하는 사람들의 대부분은 그 당시 상황 판단을 잘하여 유연성 있게 잘 대처해 나가는 능력의 소유자들이다. 이에 반해 학교의 우등생들은 그들을 보호하는 울타리인 학교 캠퍼스 내에서만 활개를 치고 일등을 유지해 나갈 수 있다. 따라서 캠퍼스 내에서는 크게 튀어나는 돌출 변수가 없기 때문이다. 그 결과 그들은 어려움 없이 학교 내 울타리인 캠퍼스에서는 성공을 하는 것이다.

'100-1'의 정답이 무엇이냐고 학교의 우등생들에게 물어보면, 그들은 분명히 99라고 말한다. 다시 그들에게 100-1이 99가 아닌 답이 나올 수 있느냐고 질문을 하면, 그들은 99 이외에는 정답이 있을 수 없다는 말을 한다. 이처럼 학교의 우등생들에게는 유연성 이 결여되어 있기 때문에 사회에 나와서도 성공하지 못한다는 것 이다.

사회에서 1등을 달리는 우등생들은 학업 성적보다는 현실에 대 처해 나가는 순발력을 비롯한 능력이 뛰어난 사람들이다. 최근 학 교의 성적을 아예 없애서 보지 않고서 신입사원들을 채용하는 회 사들이 늘어나고 있다. 사회에서 성공하는 사람들은 IQ, 즉 지능 지수보다는 EQ, 즉 감성지수를 더욱 중요시한다. 또한 EQ보다 는 SQ, 즉 사회성과 창의성을 더욱 중요시 여긴다.

그러나 대부분 학교의 우등생들에게 뛰어난 부분은 이 세 부분 중에서 IQ, 즉 지능지수이다. 반면에 감성지수나 창의성은 부족 하다. 또한 학교에서 두각을 드러내지 못하는 학생들에게는 감성 지수나 사회성은 뛰어난 경우가 대부분이다.

감성지수는 사회생활을 하는 데 있어 남과 함께 적응하는 능력을 말한다. 그런데 대부분 학교 성적이 우수한 학생들은 자신의 두뇌만 믿고서 남을 무시하는 독불장군식의 사고를 가지고 있다. 여기에 사회에 나가면 학교에서 일등만 했다는 엘리트 의식으로 충만해 있다. 이들은 학창 시절에 선생님에게 칭찬을 받던 사고의 틀에서 벗어나지 못하고, 자신의 주변 동료들을 무시하고 자신의 상사에게만 충성을 다하려는 사고에 젖어 있는 사람들이다.

학교의 우등생들은 학우들과의 학교에서 경쟁을 하여 이기듯이 직장의 동료들을 강력한 경쟁상대로 생각하는 습관이 몸에 배어 있는 사람들이다. 그러기 때문에 결국에는 동료들과 인간관계가 틀어지고, 다수인 동료들에게 배신을 당하여 쫓겨나게 마련이다.

엘리트 의식으로 충만한 학교의 우등생이 사회생활을 할 때 조직에서 끝내 내쳐지는 것과 찰스 다윈의 적자생존설에서처럼 능력이 뛰어나고 강한 매머드는 지구상에서 존재하지 못하고 멸종해 버리고 동시에 약한 모기는 1억 2천만 년 동안 지구에 생존해서 잘 살아가는 원인을 같은 맥락에서 이해할 수 있다.

자신이 머리가 뛰어나다는 것은 단지 원칙에 충실한 것에 불과하다. 변형된 문제나 돌출변수가 등장하는 경우에는 얼마나 유연하게 그 문제에 잘 대처해 나가느냐 하는 것이 중요한 변수로 작용한다. 100−1은 99라는 것은 100개를 균등하게 나누어서 편리하게 적용하는 모델에 불과하다. 100개는 100개 모두가 비중을 달리하고 있다. 이 중에서 제외되는 1이 만일에 가장 중요한 비중을 차지하는 1이라면, 전체 값은 0이 되어 버린다. 반면에 그 1이 아무런 비중이 없는 1이라면 100−1은 조금의 변화도 없이 그대로 100이 되는 것이다.

젊은 시절에 청운의 뜻을 품고서 성공에 대한 호연지기를 키우는 10대와 20대에게 가장 필요한 것은 바로 유연성이다. 학생으로서 학교생활에서 중요한 것은 물론 공부이다. 그것은 군인에게 가장 중요한 의무가 국토방위의 의무에 해당하는 것과 같다.

20대의 젊은이들은 대부분 국토방위의 병역의무를 2년간 다하고 나서 4년간의 대학 생활을 마치고 그 나머지는 사회에서 10년 미만의 사회생활을 하는 사회 초년생들이다. 따라서 20대에게는 30대부터 본격적으로 시작하는 성공을 위한 경쟁에서 토대를 구축하는 일이 필요하다. 이를 위해 20대에게 필요한 것은 고정 관념의 틀에서 벗어나는 유연성을 발휘하는 일, 즉 피라미드를 뒤집어서 생각하는 일이다. 사회의 구조가 대부분 피라미드식으로 구성되어 있다. 그 피라미드를 뒤집어서 볼 줄 아는 유연성이 필요하다.

술독에 빠짐으로써 각박한 현실과 피라미드를 뒤집어서 역삼각형의 모형을 만들어서 그곳에 적응할 수 있는 능력을 길러 내는 것도 좋다. 그래서 20대 젊은이들에게는 술독에 빠져 보는 일도 필요하다. 술로부터 배우는 유연성은 경우에 따라서는 책으로부터 도저히 얻어 낼 수 없는 방법을 스스로 터득하게 한다. 그렇다고 해서 중국의 시인 이태백처럼 이상에만 치우치는 알코올 중독자가 되라는 말은 아니다.

수필가 피천득 선생은 "인생은 빈 술잔, 주단 깔지 않은 층계"라고 표현하고 있다. 피천득 선생이 보는 인생관을 20대 맞추어 보면, 20대는 빈 술잔에 술을 가득 부어 넣어 볼 만한 시기이다. 그리고 20대가 지나면 그 빈 술잔은 더 이상 빈 술잔이 아니다. 벌써 다른 모든 순수성을 떠난 욕망을 담은 술잔으로 변하기 때문이다. 이러한 술잔에 담은 술은 더 이상 인생의 성공에서 필요로 하는 유연성을 상실한 술잔인 것이다.

　IQ만 가지고는 인생을 살아갈 수 없는 시대이다. 학교에서 학우나 직장에서 동료들이 머리를 모래사장에 묻고 원산폭격을 할 때는 같이 머리를 모래에 박고서 얼굴에는 모래 범벅이 되는 유연성을 보여야 한다. 혼자만 모래사장에서 빠져나오거나 얼굴에 모래를 묻히지 않으려는 사람은 절대 성공 할 수 없다. 너무 맑은 물에는 물고기가 살지 못하고 죽어 버린다. 물고기의 밥이 되는 미생물 플랑크톤은 바로 더러운 물속에 살기 때문이다.

　또한 앞에서 말했지만 IQ보다 더욱 중요한 것은 EQ, 즉 감성지수이다. 감성지수는 한 물체를 바라볼 때 어떠한 시각으로 바라볼 수 있는 능력을 의미한다. 똑같은 물체라도 보기에 따라서 다양하게 볼 수 있다는 것이다. 학교에서나 조직에서 자신에게 배신하고 적대적 감정을 가지고 있는 사람을 적이 아닌 동지로 만들어 내고 또한 다른 조직의 스파이를 자신의 동료로 만들어서 역이용할 수 있는 능력을 말한다.

　따라서 자신에게 적대감을 가지고 있는 사람을 똑같은 방법으로 대하는 사람은 감성지수가 낮은 사람이다. 다시 말하면, 똑같은 물이라도 소에게 먹이면 사람에게 유용한 우유가 되고, 뱀에게 먹이면 사람에게 해로운 독으로 변하게 된다.

　아인슈타인의 상대성 원리는 바로 지구상의 모든 물체가 상대적이라는 말이다. 보는 관점에 따라서 그 물체의 형상이 달라진다는 것을 의미한다. 이러한 유연성으로부터 아인슈타인은 그의 유명한 상대성 원리를 개발해 낸 것이다. 아인슈타인은 빛을 기다란 막대기 모양이 아닌 물과 같이 어디에도 담을 수 있는 다양한 모양으로 보았기 때문에 빛을 압축하여 원자탄과 같은 폭팔력 있는 물체로 만들어 낸 것이다.

가야산 호랑이로 유명한 성철 스님도 "산은 산이요 물은 물이다."라는 말로 이 세상의 만물의 유연성을 잘 나타내고 있다. 20대 젊은이들은 이제 세상에 막 나온 새들과 같이 세상의 경험이 부족하기 때문에 '도 아니면 모'라는 분명한 흑백논리를 주장하는 기백에 차 있는 사람들이다. 20대 젊은이들은 선과 악을 분명히 구별하여야 하는 정의감에 차 있다. 그러나 이러한 정의감은 자칫하면 유연성을 상실하는 경직된 성격의 소유자로 변하게 된다.

중국 고대의 성인들이나 고대 그리스의 철인들도 인간의 유연성의 중요성에 대해서 강조하였다. 고대 그리스의 철인 플라톤 역시 지혜와 용기와 절제가 모여서 사회 정의를 구성한다고 보았다. 플라톤이 보는 사회정의의 구성 요소인 지혜와 용기와 절제는 바로 인간 각자에게 맞는 정의와 지혜와 절제를 의미한다.

우리 역사에서 가장 많은 업적을 남긴 세종대왕이 가장 중요시 여긴 것은 원칙이었다. 그런데 세종이 중요시 여기 원칙은 바로 모든 백성들에게 똑같이 그 원칙을 적용하라는 것을 의미하는 것이 아니었다. 남편 없는 가난한 과부나 극빈자나 양반이나 탐관오리에게 각각 다른 원칙을 제시하여 적용하도록 하는 유연성을 보였다.

세종이 과학 분야뿐만 아니라 한글을 만드는 데에 반대한 유생 최만리에 대해서 후하게 대접하고 그가 관직을 그만두고 낙향을 한 후에도 집현전에 그의 자리를 그대로 두고서 그가 관직에 복직하도록 기다린 것은 세종대왕의 유연성이 바로 그의 위대한 업적을 남기도록 만든 것임을 잘 보여 준다.

인류 역사상 전투에서 승리를 하여 영웅으로 기록되는 몇 몇의 영웅들의 유연성에 대해서도 논할 필요가 있다. 우리 역사에 기록되는 이순신 장군은 명량대첩 등에서 큰 공을 거둔 인물이다. 그가 원균 등의 시기와 모함으로 인해서 자신의 자리를 박탈당하고 옥고를 치르는 수모를 당하고도 국가와 민족을 위해서 다시 전쟁에 참전한 것은 이순신의 유연성 때문이다. 그가 만일 자신을 모함하여 감옥에 보낸 사람들과 맞서서 싸웠더라면, 이순신은 역사에 등장하는 큰 인물이 되지 못하였을 것이다.

서구 역사를 짚어 보면, 영웅 나폴레옹이 세계 제패의 꿈을 접고 실패로 빠져든 원인은 바로 그가 싸운 적국이며 패전국인 오스트리아 등에 대해서 너무나 가혹한 행위를 하였기 때문이다. 그 결과, 전쟁에서 패한 패전국들은 나폴레옹에 대해서 반감을 가지고 다시 패전국들이 연합전선을 펴서 결국 나폴레옹이 전투에서 패하도록 만들었다. 이것은 나폴레옹이 천재성은 가지고 있지만 유연성이 부족하기 때문에 결국 오래 가지고 못하고 몰락의 길로 들어서고 만 것이다.

인류 역사상 동양인으로서는 처음으로 세계를 지배한 인물은 원나라의 칭기즈칸을 들 수 있다. 칭기즈칸이 세계를 지배할 수 있었던 것은 그의 유연성 때문이다. 그는 가는 곳마다 전쟁에서 승리하여 적국 국민들을 노예로 만들거나 차별 대우를 하지 않고 똑같이 본국 국민들과 동등한 대우를 하였다. 특히 능력이 있다고 생각되는 사람들은 패전국의 백성이라도 즉시 기용하는 유연성을 보였다.

이처럼 유연성은 영웅호걸을 비롯하여 누구에게나 필요하다. 인생에서 성공을 향해서 이제 막 시작하는 젊은이들에게 유연성 역시 중요한 요소이다. 자기와 성향이 비슷하다고 해서 그 사람만 친구로 만드는 사람은 성공할 수 없다. 앞에서 설명했듯이, 강철은 어디에 세게 부딪치는 경우에는 금방 부러져 버린다. 그러나 연철은 휘기는 할지언정 부러지지는 않는다. 이처럼 인생에서 성공하기 위해서는 연철과 같이 모나지 않는 유연성을 가지고 어디에나 적응을 잘할 수 있는 능력을 길러야 한다.

다시 IQ와 EQ를 넘어서 SQ와 유연성과의 관계에 대해서 설명할 필요가 있다. SQ는 창의력을 말한다. 사실상 회사를 비롯하여 입사시험에 IQ나 EQ보다 SQ를 중요시 여기고서 인사담당자들이 면접에 들어간다.

이것 역시 유연성과 직접적인 연관성이 있다. 인간의 창의력은 틀에 박힌 사고에서는 도출되지 않는다. 창의력은 상상력을 바탕으로 하기 때문에 고정 관념을 넘어서 유연성을 바탕으로 하고 있다. '창조적 괴짜'라는 말과 '창조적 파괴'라는 말의 의미에 대해서 생각해 볼 수 있다.

창조적 파괴란 경제학 분야의 석학인 조셉 슘페터가 내놓은 이론으로, 무엇을 창조하기 위해서는 파괴부터 하고 나서 새로운 것이 창조된다는 이론이다. 사실상 새로운 것을 창조하기 위해서는 기존의 것을 파괴하지 않으면 창조적인 마인드가 생기지 않는다. 이러한 창조적 마인드는 유연성으로부터 나오게 된다. 인간의 창의력은 결국 유연성과 직결되어 있는 것이다.

또한 '창조적 괴짜'라는 말이 최근에 유행병처럼 번지고 있다. 창조적 괴짜란 회사나 조직에서 일반인들과는 다른 사고를 가지고 업무에 접근하는 사람을 말한다. 같은 업무에 대해서 아무런 생각 없이 평범하게 계속적으로 반복하는 대부분의 일반적인 사람들과는 달리 창조적 괴짜는 같은 일이라도 매일 새롭고 튀는 아이디어를 가지고 접근한다.

이렇게 특출한 아이디어를 가지고 문제에 접근하는 사람들은 처음에는 직원들로부터 이상한 사람으로 취급될지 모르지만, 어느 순간에 회사나 조직에서 가장 중요한 아이디어를 제공하는 아이디어맨으로 성장하게 된다. 이러한 창조적 마인드는 결국 인간이 가지고 있는 유연성으로부터 나온다.

인간관계에 있어서도 훌륭한 인간관계를 유지하기 위해서는 처음 보는 사람에 대해서 유연성을 가지고 대해야 한다. 대체로 동양인들은 서양인들과는 달리 처음 보는 사람에 대해서는 경직성을 가지고 대하는 경우가 대부분이다.

처음 보는 사람이 자신에 대해서 무시할지도 모른다는 생각에서 경직된 얼굴과 표정을 지으면서 접근하는 동양인들과는 달리, 서양인들은 처음 보는 사람에 대해서 유연성을 가지고 대하는 훌

류한 매너를 가지고 있다. 어느 장소에 가서 프레젠테이션을 하는 경우에도 서양인들은 우선 얼굴에 웃음을 보이면서 시작하지만, 동양인들은 얼굴에 경직성을 보이면서 시작한다.

오래전의 이야기지만, 어느 한국인이 미국을 다녀와서 하는 말이 미국인들은 왜 길거리에서 낯선 사람을 보고 웃으면서 "키스 미"라고 말하는지 그 이유를 모르겠다고 말한 적이 있다. 물론 그 사람이 영어가 서툴러서 "익스큐즈 미.", 즉 "미안합니다."라는 말을 잘못 알아들었다는 에피소드이기는 하지만, 여기에서 동양인들의 경직된 사고와 서양인들의 유연성 있는 사고의 차이점을 잘 이해할 수 있다.

10대와 20대 젊은이들은 누구를 보아도 포용할 수 있는 유연성을 가지고서 인생을 살아 나가야만 한다. 현대인들이 가장 선호하는 말은 '부드럽다'라는 말이다. 이 말은 획일적이지 않고 딱딱하지 않음, 즉 유연성을 의미한다. 강한 강철이 아니라 잘 휘어지는 구리나 연철을 연상하면 된다.

우리가 사람들을 대할 때 대부분 강한 인상과 강한 말을 사용하는 사람들은 강해 보이지만, 부드러운 사람들처럼 친근감이 들지 않아 쉽게 친해지지가 않는다. 이처럼 현대인들은 부드러운 인상과 부드러운 말과 부드러운 외모를 선호한다. 상대방과 대화를 하는 경우에도 가능하면 부드러운 말을 사용하고서 부드럽게 상대에게 접근하여 상대를 설득하려고 한다.

대인관계에서 첫인상은 가장 중요하게 작용한다. 정신의학자 지그문트 프로이트는 인간은 처음 대하는 순간 4초 이내에 그 사람에 대한 인상이 머릿속에 오랫동안 각인되어서 평생 동안 그 사람의 처음의 모양이 그대로 남아 있다고 말한다. 두 번째부터는 그 사람의 처음 본 이미지로부터 별로 벗어나지를 않는다는 것이다.

따라서 사람과 첫 만남에서는 부드러운 인상을 보이는 것이 인간관계를 유지해 나가는 데 유리하며, 향후 그 관계가 오래 지속된다. 조직에서 고객을 상대로 하는 사람들은 부드러운 인상으로 고객들을 대해야 고객을 자신의 편으로 끌어들일 수 있다.

인간의 얼굴이 가지고 있는 가장 큰 힘은 바로 미소의 효과이다. 어느 연설가가 "이 세상에서 가장 긴 영어 단어가 무엇입니까?" 하고 질문을 하고 정답은 바로 "smile", 즉 미소라고 답한 일이 있다. 영어 단어 smile은 'mile'이라는 말을 포함하고 있기 때문에 십 리까지 가는 이 세상에서 가장 긴 단어라고 농담 섞인 대답을 한 것이었다.

그런데 동양인들은 처음 보는 사람들에게 웃지 않고 얼굴에 엄숙함과 경직성을 나타내는 경향이 있다. 이것은 나는 당신을 잘 알지 못하기 때문에 경계를 하고 있다는 것을 얼굴에 나타내는 것이다. 이와는 달리 상대방을 보며 미소를 짓는 것은 나는 당신에게 아무런 감정이 없음을, 즉 적대관계가 아닌 우호적인 관계를 형성하고 싶음을 의미한다. 어느 심리학자가 많이 웃는 사람과 잘 웃지 않는 사람의 노화현상을 조사한 결과, 자주 웃는 사람은 웃지 않는 사람보다 노화현상도 오지 않고 건강한 생활을 유지해 나간다는 연구 보고서를 낸 일이 있다.

동양인들과 서양인들의 차이점은 웃음의 문화에서 찾을 수 있다. 동양에서는 자주 웃는 사람들은 가벼운 사람으로 간주하고 얕잡아 본다. 얼굴에 무게를 잡고서 목에 힘을 주고 있어야만 상대방이 자신을 어렵고 두려워하고 무시하지 않을 것이라고 생각한다. 또 동양에서는 웃음이 헤픈 여자는 바람기가 있는 상스러운 여성으로 오해를 한다.

미국 대학에서 학생들이 앞에 나가서 발표를 하는 경우, 동양인 학생들은 얼굴의 표정부터 굳어져서 방어적인 자세를 취한다. 반면 서양 학생들은 앞에 나가서 발표하기 전에 분위기를 웃음으로 바꾸어 놓는다. 자신의 얼굴부터 경직성을 풀고서 미소를 띠며 발표를 시작한다. 의도적으로 억지로라도 웃으려고 노력하면, 웃는 얼굴로 변해서 그 사람만 보면 웃음이 나는 사람으로 변하게 된다. 그렇다고 개그맨 같이 직업적이고 전문적으로 남을 웃기라는 말은 아니다.

얼굴에 미소를 띤 얼굴이 인간관계를 훨씬 원활하게 만든다. 옛날 우리 조상들은 많이 웃어서 얼굴의 눈가에 주름이 많이 진 사람들을 바람기가 있는 사람이라고 경계하였다. 지금은 정반대로, 눈가에 주름이 많고 웃음기가 감도는 얼굴은 호감이 가는 좋은 인상을 가진 사람으로 여겨진다.

현대를 살아가는 사람들에게 항상 웃음 띤 얼굴로 유연성을 가지고 사람을 대하는 사람은 인간관계에서 조건적으로 성공할 가능성이 다른 사람들보다도 크다. 우리는 항상 누구를 보든지 처음부터 웃는 얼굴로 사람들을 대해야 하지 않을까 싶다.

또한 유연성은 남을 자신보다 높이 세우고 칭찬하는 자세에서 출발한다. 따라서 유연성을 가지고 남을 칭찬하는 습관을 10대부터 길러 나가야만 한다.

동양 사회와 서양 사회의 차이점은 서양인들은 남이 없는 곳에서 절대로 그 사람에 대해서 이야기를 하지 않는다는 것이다. 서양인들은 남이 없는 곳에서 남에 대한 이야기를 하는 것을 실례로 생각하여, 만일 남이 없는 곳에서 그 사람에 대해서 물으면 "그 일은 나의 비즈니스가 아니다."라고 하면서 비록 알고 있더라도 대답을 회피한다. 그리고 만일 그 자리에 없는 사람에 대해서 부득이 대답을 해야 하는 경우에는 가능하면 좋도록 이야기를 하며, 없는 사람의 관심이나 흥미로운 이야기를 한다. 이처럼 서양인들은 자리에 없는 사람에 대해서는 평을 하지 않는 것을 예의로 생각하고 있다.

그런데 우리 사회는 어떠한가? 대부분의 사람들은 자리에 없는 사람에 대해서 이야기하기를 좋아한다. 그것도 아주 부정적인 시각으로 이야기해 버린다. 그 사람이 자신과 같이 근무를 한다거나 경쟁관계에 있는 경우에는 더욱더 그 사람의 약점을 이야기한다.

예부터 인간이 지켜야 할 세 가지 법도가 있다. 첫째로 발을 함부로 놀려서 몸을 다치는 일이 없도록 해야 하며, 말을 함부로 하는 것을 조심해야 하며, 마지막으로 성기를 함부로 놀려 풍기문란으로 문제를 일으켜서는 안 된다. 이처럼 말은 입으로부터 밖으로 나가는 그 순간부터 자신이 한 말에 대해서 책임을 져야 한다. "발 없는 말이 천리를 간다."는 말이 있다. 말은 자신이 내뱉는 그 순간부터 돌아서 당사자의 귀에 들어가게 마련이므로 말을 항상 조심하지 않으면 큰 실수를 하게 된다.

따라서 남이 없는 장소에서 그 사람에 대해서 아예 말을 하지 않는 것이 신사와 숙녀의 도리이다. 부득이 그 사람에 대해서 이야기를 해야 하는 경우라면 칭찬을 하여야 한다. 칭찬을 하고 덕담을 하게 되면 그 말은 칭찬을 한 당사자의 귀에 반드시 들어간다. 간접적으로 자신을 칭찬하는 사람을 알게 되면, 칭찬을 받은 사람 역시 그 사람에 대해서 좋게 이야기하게 되어 있다.

덕담을 하고 칭찬을 하는 사람은 그 덕을 받게 된다. 남을 긍정적이고 좋도록 평가하는 사람에 대해서 모든 사람들은 인간성이 좋은 사람이라고 평을 한다. 또 남에 대해서 항상 부정적으로 평가하는 사람은 인간성 역시 좋지 않은 사람으로 평가를 받게 된다. 칭찬을 많이 하고 덕담을 하는 사람은 사회생활을 하는 데 있어서 자신도 모르게 간접적으로 덕을 보게 마련이다.

또 인간은 남에 대해서 어느 정도 아첨을 할 필요가 있다. 아첨을 하는 경우, 듣는 사람은 형식적으로는 듣기 싫어하는 표정을 지을지 모르지만 속으로는 기분 나쁘지 않게 생각한다. 아부의 말을 하는 경우, 어느 정도의 기술이 필요하다. 면전에서 그 사람에 대한 아부는 절대적으로 필요한 일이다. 비록 남에게 아부를 못하는 성격을 가지고 있는 사람이라도 아부를 하는 습관을 기를 필요가 있다.

남에 대해서 항상 후한 점수를 주는 사람은 결국 자기 스스로가 후한 점수를 받고 남을 적으로 만들지 않고 동지로 끌어안게 된다. 지나친 칭찬은 문제를 일으키지 않지만 남을 과소평가하고 비난하는 것은 인간관계에서 문제를 일으킨다.

"칭찬은 동물인 고래를 춤추게 하고 인간은 콧등에 종기가 난다."는 그리스인들의 속담은 맞지 않는 듯하다. 남을 칭찬해서 손해 볼 일은 없다는 것은 틀림없는 사실이다. 10대와 20대 젊은이들이 인생을 살아가면서 남을 칭찬해 주는 덕담은 바로 자기 자신에게로 덕으로 돌아와 성공 길로 달리는 데 도움이 된다.

현대를 살아가는 사람들 가운데 모든 면에서 완벽을 추구하는 사람들이 늘어나고 있다. 입는 옷에서부터 방 안을 먼지 하나 없도록 완벽하게 청소하고, 사무실에 있는 집기와 사무용품 등의 물건들은 제자리에 정확하게 꼽아 놓는다. 물론 집안을 깨끗이 하고 주변을 정리 정돈하는 일은 육체적 · 정신적 건강에 좋은 일이다.

그러나 이들은 대부분 인간관계에서도 옳고 그름을 분명히 하는 완벽주의자들이기에 문제가 된다. 이들은 모든 일을 완벽하게 추진하며 옳은 일만 추구해 나간다. 항상 모든 일을 완벽하게 추구하고자 하다 보니, 주변의 사람들과 마찰을 일으키거나 따돌림을 당하는 수가 많다.

인간은 불완전한 존재이다. "모난 돌이 정 맞는다."는 말이 있다. 너무 완벽을 추구하는 사람들은 인간관계에서 물위에 기름 뜨듯이 다른 사람들과 섞이지를 못한다. 너무 맑은 물속에는 고기가 살 수 없으며 옳은 일만 하는 사람은 독배를 마신다. 역사적으로도 그리스 사람들이 소크라테스에게 독배를 마시게 한 것은 바로 너무 옳은 일만 하는 바람에 당시 사회의 사람들의 눈 밖에 났기 때문이다.

따라서 현대를 살아가는 사람들에게 필요한 것은 강하고 획일화된 사고보다는 부드럽고 유연한 사고를 가지고, 완벽보다는 여유로운 삶을 추구해 나가야 하지 않을까 싶다.

　10대와 20대 젊은이들에게 성공을 위해서 가져야 할 습관은 바로 유연성을 가지는 것이다. 대인배는 그릇이 크기 때문에 모든 것을 자기 위주로 생각하는 사람이 아니라, 자기 위주로 생각할 때 한 걸음 물러나서 타인 위주로 생각하는 사람을 말한다. 또한 타인 위주로 생각을 할 때는 조금 더 한발 가까이 가서 자신 위주로 생각하는 유연성을 가진 사람을 말한다. 그릇으로 말하면, 모든 것을 담을 수 있는 큰 그릇이라고 할 수 있겠다.

　반면에 소인배는 자기 위주로만 생각하는 사람을 말한다. 다시 말하면, 모든 것을 자신에 맞추어서 추구해 나가는 경직된 사람을 소인배라고 말한다. 10대와 20대 젊은이들은 바로 경직된 사고를 가진 소인배적 기질에서 벗어나서 모든 것을 포용할 수 있는 대인배적 기질인 유연성을 보여야 인생에서 성공을 할 수 있다. 이러한 유연성을 바탕으로 한 교육이 결국 노벨상 수상자로 가는 지름길인 것이다.

적극적 사고를
가져라

　　10대와 20대 젊은이들이 노벨상을 수상하기 위해서 가져야 할 사고는 바로 주도적인 삶을 이끄는 사고다. 한국의 역사와 노벨상을 가장 많이 수상하는 미국의 역사를 비교해 보면 이해할 수 있다.

　　한국은 역사적으로 '동방예의지국'이자 '동방의 은둔국'으로 알려져 있다. 그러나 '예의지국'이라는 말은 현대 글로벌 시대에는 듣기 좋은 말이 아니다. 너무 예의를 지키다 보면 적극적이고 주도적이 될 수 없기 때문에 다른 사람에게 중요한 것을 양보하는 경향이 강하다.

　　여기에 '은둔국'이라는 말은 영어로 'hermit kingdom', 즉 숨어서 사는 민족과 국가를 의미한다. 그러한 이미지 때문에 서양의 국가들이 서세동점의 발판을 삼아서 동양에 문호개방을 서둘렀다. 다시 말하면 서양이 주도적 국가이며 동양 국가들은 그냥 따라가는 국가에 불과하였다. 결국은 서양 국가들에게서 수모를 겪고 드디어 일본에게는 식민지 통치 국으로 전락하고 말았다.

민족성을 보면 그 국가의 장래를 예측할 수 있다. 동양 3국 중에서는 일본이 가장 주도적이고 적극적인 성향을 가지고 있다. 한국과 중국은 적극적이지 못하고 소극적이며 주도적이지 못한 성향을 가지고 있다. 또 서양 국가들 중에서 미국과 유럽 국가들 간에도 주도적인 성격과 그렇지 못한 성격상의 차이가 결국 국가의 발전에 큰 영향을 주고 있다.

미국이 현재 세계 최강국으로 노벨상을 가장 많이 수상하는 원인은 바로 실용주의 사상이 하부 구조를 이루고 있기 때문이다. 돈과 거리를 두고서 순수하고 깨끗한 유럽 대륙의 사고에서는 인간의 필요악인 돈을 집어넣은 미국의 실용주의를 비난하고 저질스럽게 여겼다. 그런데 이 실용주의는 바로 적극적이고 주도적인 의미를 내포하고 있다.

미국의 실용주의는 미국인들이 유럽으로부터 건너와서 유럽 전체 크기만 한 신천지 대륙을 개척해 나가는 과정에서 만들어 낸 개척 정신인 프런티어가 중요한 요소를 차지하고 있다. 미국의 프런티어는 유럽인들이 생각하는 프런티어와는 다른 개척 정신이다.

미국인들이 모태로 한 영국과는 '영미사고'라는 큰 테두리에서는 같은 맥락에서 이해를 한다. 그러나 엄밀하게 따지면, 미국인의 사고와 영국인의 사고는 다르다. 영미사고에서 영국은 경험주의를 바탕으로 한다. 여기에 미국은 '경험주의 + 알파', 즉 실용성이다. 예를 들면, 인간이 죽으면 천당과 지옥 둘 중 한 곳으로 간다는 사고는 영미사상에서 공통적으로 나타난다. 그러나 차이점이 있다면, 영국인들은 천당과 지옥에 가기 전에 중간에 연옥이 있어서 다시 생각하는 기회가 제공된다고 믿는다는 것이다. 이에 반해 미국인들은 천당과 지옥이외에 연옥은 없다는 사고를 가지고 있으며, 이것이 영국과 미국의 사고의 차이점이다.

앞에서도 이미 설명하였듯이 독일과 프랑스가 중심이 된 대륙적 사고는 부정에서 시작해서 끝까지 부정을 주장하다가 마지막에는 긍정으로 돌아서는 것이다. 반면에 영미사고는 부정에서 시작해서 끝까지 부정을 주장하다가 긍정으로 돌아서지 않고서 부정으로 끝나는 것이다.

현재 세계에서 가장 성공했다고 자부하면서 우월주의와 예외주의를 바탕으로 한 미국인들과 오랜 전통을 가진 그리스와 로마 문명을 하부 구조로 한 유럽인들의 사고의 차이는 어디에 있는가? 또한 왜 오랜 역사와 문화유산과 전통 철학을 가진 유럽인들이 이제 불과 이백 년을 갓 넘은 미국인들에게 지배를 당하는 원인은 어디에서 찾을 수 있을까? 미국인들은 유럽인들과 다른 몇 가지를 사고를 가지고 있다.

첫 번째, 유럽인들은 고뇌하는 사고를 가지고 있다. 다시 말하면 유럽인들은 소극적이고 수동적인 사고를 바탕으로 하고 있다. 반면에 미국인들은 그들이 인디언들과 싸우는 과정에서 얻은 적극적이고 능동적인 사고를 바탕으로 행동한다. 따라서 유럽인들은 어떤 행동에 돌입하기 전에 많이 망설이는 반면, 미국인들은 사고보다는 행동이 앞선다. 이 때문에 미국인들은 항상 주도적이 된다.

두 번째, 미국인들은 유럽인들보다 개인주의 정신을 바탕으로 하고 있다. 천 년간 계속된 유럽인들은 신과 자신과 주종관계를 이루면서 주변 환경에 크게 의존한다. 반면 미국인들은 주변 환경에 의지하기보다는 자기 스스로의 환경에 의존하는 사고를 가지고 있다.

세 번째, 미국인들은 정신보다는 물질을 중시하는 지나친 물질 중심의 사고를 바탕으로 하고 있다. 반면 유럽인들은 물질보다는 정신을 중시하는 전통사상을 중시한다. 물론 유럽인들도 물질을 중시하기는 하지만, 미국만큼 물질을 중시하지는 않는다.

네 번째, 미국의 실용주의는 다윈의 진화론에 근거를 두고 있다. 미국인들은 자신들의 등받이인 유럽 문화의 단절부터 시작했다. 미국인들은 전통을 중시하지 않는다. 단지 그들은 필요하면 적용하고 필요하지 않으면 없애 버리는 다윈의 용불용설을 다능하게 적용하고 있다. 이것은 미국인들이 개척기에 인디언들과 자연과 싸우면서 그들만이 터득해 낸 사고인 것이다. 이러한 미국인들의 사고는 스스로 주도적인 행동을 한다는 것을 의미한다.

다섯 번째는 고대 그리스 시대의 소피스트들이 가지고 있던 돈을 중시하는 경향과 프로타고라스의 "만물의 척도는 인간이다."라는 합리주의적 사고를 들 수 있다. 각자는 각자에 맞도록 하는 주관적인 사고는 현재 미국을 세계 최강국으로 만들었다.

미국은 다문화와 다인종이 모여서 소위 멜팅포트로 이루어져 있다. 이러한 복잡한 속에서 단일 문화와 단일 민족보다 더욱 발전하고 성공하는 원인이 바로 각자에 맞는 주관주의를 인정하고 적용해 나가기 때문이다. 각자의 개성에 맞도록 하면서 전체적으로는 조화와 균형을 이루는 주관적인 유연성 때문이다.

이상에서 우리는 인류 역사상 로마 이래로 최강대국 미국인들이 그토록 짧은 시간에 성공을 한 근본적인 요소를 분석해 보았다.

미국인들의 성공을 이루어 낸 실용주의 사고에서 알 수 있는 것은 긍정적이고 적극적인 사고, 프런티어 정신을 바탕으로 한 열정, 개척 과정에서 그들이 만들어 낸 도전 정신, 모험심, 과거 전통과의 차단, 프로타고라스의 주관주의적 유연성 등이다. 이 중에서 가장 중요한 요소는 바로 주도적인 행동이다.

현대인들은 과거 수천 년 전의 그리스 도시국가 시대보다는 더욱 복잡하게 생활하고 있다고 누구나 느끼고 있다. 사실상 소크라테스나 플라톤이 활동하던 그리스 도시국가 시대의 인구는 약 20만 정도로, 도시들이 하나의 국가에 해당하는 작은 규모의 국가에 불과하다. 그러나 역사학자 토인비의 말과 같이 역사는 되풀이되므로 당시나 현재나 상황은 마찬가지라고 할 수 있다. 인류의 역사는 예나 지금이나 여전히 도전과 응전의 역사인 것이다.

이러한 역사는 인간이 지구상에서 태어난 원시시대부터 수만 년 후에까지 계속해서 되풀이될 것이다. 역사학자이자 국제정치학자인 에드워드 카는 현재와 과거의 역사를 보면 미래의 역사를 알 수 있다고 한다. 사실상 인류의 역사를 하나의 모델을 만들어서 적용해 보면 그 해답을 얻을 수 있다. 바로 역사학자 토인비의 말처럼 도전과 응전의 연속과 그 자체의 되풀이인 것이다.

현재 한국은 세계 230여 개 국가 중에서 경제적으로 브랜드 가치 10위에 들어가는 경제 선진국으로 진입하고 있다. 그러나 아직까지 한국인 스스로도 유럽이나 일본 등 선진국들에 비해 무언가 또는 어딘가 모자라는 느낌에 과연 우리가 선진국인지 아닌지를 의심하고 있다. 미국의 대통령이 한국을 칭찬하면서 한국형 성공 모델을 배우자고 강조하지만, 우리는 어딘가에 망설여지고 있다.

선진국임에도 불구하고 선진국이 아니라는 사고는 어디에서 나오는가? 그것은 바로 한국인들이 가지고 있는 과거의 역사와 민족성의 틀에서 벗어나지 못하기 때문이다. 미국인들은 유럽을 탈출하면서 유럽의 전통 수도사 문화와의 단절에서 출발하고 있다. 그들은 형이자 선배인 유럽 문화에 끌려 다니는 것이 아니라, 그들보다 적극적이고 주도적인 사고를 가지고 유럽을 이끌고 주도해 나가기 시작하였다.

초창기 미국이 영국의 식민지로부터 갓 벗어난 시기에 그들은 유럽으로부터의 간섭을 받지 않겠다는 "먼로 독트린"을 통해서 단절을 천명하였다. 이것은 미국이 유럽에게 불리한 시기라도 미국이 주도해 나가겠다는 것을 의미한다.

수천 년 계속된 우리의 역사와 미국의 탄생을 알리는 1618년 유럽의 독일 신성로마제국에서 시작된 30년 종교전쟁은 두 개의 물줄기를 만들어 낸다. 하나는 2년 후 1620년 탄생한 미국이며, 다른 하나는 현대 유럽 국가들의 탄생을 의미한다. 이 시기 1620년, 우리나라는 광해군 시대에 홍길동전의 작가인 허균이 기준격의 고발로 처형을 당한다.

1620년 이후 한국의 역사와 미국의 역사를 비교해 보면 정반대의 대조적인 역사를 기록하고 있다. 한국의 역사를 은둔과 끈기의 역사라고 평가하고 있는데, 이 중에서 끈기의 역사는 필요하다.

왜냐하면 수천 년간 우리 민족이 외세의 침략에도 불구하고 생존해 왔다는 것 자체가 대단하기 때문이다. 그러나 '은둔'이라는 말은 글로벌 시대에 좋은 말은 아니다. 이 말은 바로 소극적이고 주도적이지 못하다는 것을 의미한다.

'배달민족'이라는 말은 과거에는 깨끗한 이미지를 가지고 있었으나 글로벌 시대에는 그리 좋은 의미는 가지고 있지 못하다. 불과 수백 년 사이에 전 세계는 미국 중심의 사회로 변화되어 버리고 우리의 역사는 광란의 역사 속으로 질주한다. 조선조의 몰락과 함께 일제 36년의 식민지 시대를 거쳐서 남북이 세계에서 유일하게 분단된 국가이면서 강대국들의 침략이 여전히 존재하는 '내그러움'의 역사를 가지고 있다.

여기에서 '내그럽다'는 말은 푸른 생소나무 가지를 태워서 나오는 그 연기를 가슴 깊이까지 들이켜서 숨을 제대로 쉬지 못할 정도의 따가움을 말한다. 바로 우리 한국의 근대에서 현대까지의 역사는 바로 내그러움의 역사인 것이다. 그러면 왜 한국의 역사는 내그러움의 역사인가?

소설가 월탄 박종화 선생은 그의 소설 『금삼의 피』에서 한국의 역사가 슬픈 역사로 변한 원인을 연산군 어머니인 폐비 윤 씨가 사약을 마시고 비단 옷자락에 토해 낸 한 움큼의 피에서 시작되었다고 말한다. 이 말에 담긴 가장 중요한 의미는 바로 한국의 역사는 도전이 아닌 응전의 역사이기 때문에 내적으로만 싸우고 밖으로는 나가지 못한 민족성에 있다.

현재 한국에 거주하는 태국이나 파키스탄, 인도 등 우리보다 후진국 사람들이 우리에게 불만을 터트리는 것은 바로 인종 차별에 대한 불만이다. 한국인들은 한국인만 좋아한다고 한다. 이것은 우리가 밖을 모른다는 소리이다.

미국인들이 유럽인이나 다른 나라의 사람들보다 성공한 원인을 다시 분석하면, 주도적인 사고와 적극적인 사고, 모험심과 도전정신, 기독교를 바탕으로 한 사랑, 주관주의적 유연성, 과거전통에 얽매이지 않고 과거와의 차단성, 강인한 의지력 등을 들 수 있다.

이 중에서 미국인들이 갖는 주도적인 사고는 미국을 패권국이자 성공한 국가가 된 중요한 원인이다. 주도적인 행동과 관련하여 예를 들어 보면, 미국인들과 유럽인들은 사랑을 할 때도 차이가 있다. 미국인들은 사랑하는 사람이 나타나면 우선 행동부터 시작하여 일을 저질러 놓고 뒷수습은 나중에 한다.

반면 유럽인들은 자신이 그 사람을 사랑할 조건이 되는지 또는 불행하게 할지도 모른다는 사고로 온통 고민 속에 빠져들어 있다. 따라서 유럽인들은 사랑하는 사람에게 적극적인 도전을 하지 못하고 고민 속에 헤맨다. 미국인들과는 정반대의 사고를 가지고 있는 것이다.

주도적인 사고와 부정적인 사고는 엄청난 차이를 가져온다. 현재 세계 10대 기업에 들어가는 다국적 기업인 모회사가 중소기업이었을 때, 신입사원을 모집하는 과정에서 사장이 응시자들에게 면접을 하면서 "당신은 운이 있는 사람이라고 생각하십니까, 아니면 당신은 운이 없는 사람이라고 생각하십니까?"라고 물어보았고, "자신은 실력은 없는데도 항상 운이 따라서 일이 잘되어 갑니다.”라고 대답하는 사람을 채용하였다.

그들과 함께 일을 한 결과, 10년 후에 그 회사는 엄청나게 성장하여 중소기업에서 세계 최고의 다국적 기업으로 성장을 하였다. 이런 면에서 볼 때, 인간이 가지고 있는 주도적인 사고가 얼마나 중요한가를 알 수 있다. 자신이 주도적이고 긍정적인 사고를 가지고 있을 때, 비로소 인생에서 성공의 가능성은 가까워지는 것이다. 반면 부정적인 사고를 가지고 있는 사람은 성공의 가능성이 희박하다. 머피의 법칙에서처럼 매사를 부정적으로 바라보는 사람은 성공으로부터 점점 더 거리가 멀어진다.

미국 역사 이래로 처음으로 흑인 대통령이 탄생하였다. 백인이 75퍼센트에 해당하는 미국 사회에 노예 출신의 흑인 대통령이 탄생하였다는 것은 미국인들의 주도적인 사고를 잘 나타낸다. 흑인도 대통령이 될 수 있다는 것은 바로 미국인 자신들이 누구나 다 대통령이 될 수 있다는 것을 상징하는 것이다.

한국인 같으면 과거 우리가 상민으로 부리던 하인의 지배를 받을 수 없다는 사고를 가지고서 흑인 대통령에 대해서 강한 반감을 가질 것이다. 이 점이 바로 미국이 현재 패권국이 된 원인이다.

미국인들의 성공은 모험심과 도전 정신이 상당히 중요한 역할을 하고 있다. 미국인들의 성공 비결은 동부에서 서부로 개척해 나가는 과정에서 자연과 싸우면서 길러 온 적극적이고 강인한 의지력이라고 할 수 있다. 유럽인들은 자연과 싸우면서 개척을 한 경험이 없기 때문에 미국인들만큼 의지력이 강하지 못하다.

염세주의 철학자 쇼펜하우어로부터 허무주의를 창안한 니체는 인간에게 필요한 것은 강한 의지를 소유한 초인이 되어야 한다는 주장을 하였다. 니체에게 허무무주의를 심어 준 쇼펜하우어 역시 인생을 성실하고 열심히 산 철학자였다. 목사의 아들이자 전통적인 종교인 집안의 아들인 니체는 짜라투스트라의 입을 빌려서 왜 신은 죽었다고 하였는가? 니체는 인간이 신에게 의존하고 신 중심 사회를 만든 원인을 어디에서 발견하였는가?

니체는 인간 존재의 나약성을 주도적이지 못한 인간의 의지의 결여에서 찾았다. 따라서 인간은 하늘보다는 땅에 충실하여야 하며 신 중심에서 인간 중심의 사고의 필연성을 강조하고 있다. 인간은 신을 대신하여 강한 의지를 소유한 초인이 되어야 한다는 것이다.

목사의 아들인 니체가 기독교가 인간의 성공에 피해가 된다는 사고는 마르크스 사상에서 잘 나타나고 있다. 마르크스는 공산주의 사회에서 종교를 금지시키고 있다. 마르크스는 종교는 인간 사회에서 마약과 같으며 사회의 현실 문제에 직면하는 고통을 피하기 위해서 종교를 믿는다고 본다. 따라서 공산주의 사회에서는 종교는 금지되었다. 그렇다면 현재 미국인들이 성공하는 데 종교는 기여를 했는가, 아니면 그렇지 못했는가?

미국을 창조한 초기 선조들이 가지고 있던 종교인 청교도는 정통 로마교회에서 벗어난 캘빈파에 속한다. 초기의 황무지 땅을 옥토로 만들기 위해서 그들의 정신적 지주이자 하부 구조를 이루고 있던 청교도는 미국인들에게 종교인과 같은 엄격한 금욕 생활을 요구하였다. 초기 그들에게 요구한 것은 물질보다는 정신을 바탕으로 한 사회였다. 다니엘 호손의 『주홍글씨』는 바로 초기 미국인들의 금욕 정신을 잘 나타내고 있다.

초기부터 미국인들은 종교에 의존하면서 살았다. 이민자의 수가 늘어나고 다양한 인종이 몰려들면서 미국 사회를 하나로 묶어 주는 정신적인 지주가 필요하였다. 이러한 정신적인 지주는 바로 기독교였다. 따라서 기독교는 미국의 정치 · 경제 · 사회 · 문화 등 모는 상부 구조의 위에서 미국인들을 하나로 묶어 주는 공민교 역할을 하고 있다.

미국인들은 하느님 앞에서는 하나가 되었다. 그들은 어려운 일이 일어나면 공민교인 기독교를 중심으로 뭉쳤다. 따라서 현재 미국을 분열시키지 않고 하나로 만드는 역할을 하는 것은 바로 기독교인 것이다. 이러한 기독교 정신을 바탕으로 한 미국인들의 정신은 사랑을 바탕으로 하고 있다.

기독교의 기본 정신인 사랑과 용서는 미국의 문화를 전파하는 할리우드 영화에서 잘 나타나고 있다. 할리우드 영화에는 마지막에는 아무리 악인이라도 사랑과 용서로서 문제를 해결한다. 결국 미국인들은 누구나 하느님 앞에서는 하나가 되는 것이다. 성공을 위해서는 과거의 전통에 얽매여서는 안 된다는 것을 미국을 통해서 잘 이해할 수 있다.

영국의 극작가 찰스 디킨스는 미국을 가리켜 "전통과 문화가 없는 상놈"이라고 욕하였다. 미국은 유럽으로부터 넘어오면서 유럽과의 단절을 선언하였다. 특히 정치 외교적인 차원에서 유럽과의 단절은 미국 초대 대통령 워싱턴의 고별 연설에서 잘 나타나고 있다. 그 후 미국의 5대 대통령 제임스 먼로는 먼로선언을 통해서 미국의 고립 정책을 추진해 나갔다. 물론 미국 문화의 중심인 와스

프 문화는 영국 문화를 토대로 하기는 하지만, 미국은 가능하면 독자적인 문화를 형성하려고 노력하였다.

과거와의 단절은 인간 사회에서 성공을 위해서는 항상 필요하다. 과거와의 단절을 통해서 인간은 새로운 방향으로 진로를 추구해 나가야만 한다. 과거와의 단절은 바로 자신 스스로가 주도적이 되어서 앞으로 밀고 나간다는 것을 의미한다.

10대와 20대의 노벨상 수상을 희망하는 젊은이들에게 필요한 것은 바로 주도적인 습관을 갖는 정신이다. 로마 이래로 가장 강한 미국인들의 사고와 미국 다음의 세계 2위의 경제대국 일본과 군사 대국이자 경제 강대국으로 부상한 이웃나라 중국을 비교해 보면, 우리나라가 패권국이 되기 위해서 필요한 사고가 무엇인지를 알 수 있다.

우리 민족에게 부족한 것은 바로 어디를 가든지 자신이 나서서 주도적이 되는 행동에 대해서는 아직까지 망설이고 있다는 점이다. 영어 공부를 하는 경우, 실수를 하더라도 계속해서 떠들어야만 하는데 한국인들은 예의를 중시하면서 영어에 실수를 할까 두려워하는 사고방식 때문에 영어가 좀처럼 늘지를 않는다.

경영의 귀재 잭 웰치는 자신이 CEO로 있는 회사를 비롯하여 대기업에 동양인들이 경영자로 올라가지 못하는 이유는 바로 동양인들은 주도적이지 못하기 때문이라고 이야기한다. 동양인들 중에서 한국인들이 미국 사회에서 섞이지를 못하고 한국인들 사회에서만 활동하는 이유는 바로 그들은 주도적인 사고를 가지고 있지 못하기 때문이다.

이에 반해 일본인들은 다르다. 그들은 외국에 나가면 현지인들과 잘 어울려서 그들과 금세 융화되어 그들 사회에서 성공을 거둔다. 모든 사람들이 꺼리는 브라질과 남미에도 진출하여 성공을 하였으며, 현재 미국 사회에서도 일본이 파고드는 데 성공하였다. 이것은 일본인들의 사고가 주도적이고 적극적이기 때문이다.

결과적으로 볼 때, 10대와 20대 젊은이들이 노벨상 수상이라는 성공을 향해서 달려 나가기 위해서는 무엇보다도 모든 일을 자신이 주도적이 되는 적극적 성향으로 사고의 패러다임을 변화시켜야만 한다. 동시에 부모들 역시 자녀 교육을 주도적이고 적극적인 인간형에다 초점을 맞추어서 해나가야만 한다.

각론적 차원에서 앞에서 이미 설명한 30가지 습관들을 종합해 볼 수 있다. 형이상학적 차원에서는 차별화된 생각, 상상력 키우기, 용기와 도전정신, 자신감, 정의에 대한 확고한 철학 등을 들수 있다. 형이하학적 차원에서는 물고기를 잡아주지 말고 물고기 잡는 방법의 교육, 아이의 숨은 거인 찾아주기, 흙 수저로 키우기, 배고프면 밥 한 그릇 주세요라고 말 할 수 있는 용기 등 이다.

아이를 사회에서 요구하는 큰 인재로 키우기 위해서는 형이상학과 형이하학 모두를 바탕으로 하는 교육이 필요하다. 왕대밭에 왕대가 나온다는 말은 현대 교육론에서 볼 때 무엇을 의미하는가. 결국 주변 환경과 부모의 노력에 따라서 아이의 장래가 결정 된다는 것이다. 앞에서도 이미 언급한 하버드 대학의 심리학 교수 로젠탈의 실험결과에서 보았듯이 아이의 자신감과 부모의 관심이 결국 아이가 사회의 인재로 성장하는 모티브가 되는 것이다. 그러나 부모의 잘못된 교육습관으로 인해서 아이가 마마보이나 에고이스트가 되는 경우가 허다하다.

따라서 부모는 아이에 대해서 무조건 사랑으로만 대할 것이 아니라 아이가 성장하는 과정에 맞추어서 필요한 과학적인 교육을 하여야만 한다. 교육의 아버지 페스탈로치는 학교 교육과 가정교육 모두를 중요시 여긴다. 그러나 그는 학교 교육 보다는 가정교육을 훨씬 더 중요시 여기고 있다. 이것은 무엇을 의미하는가. 바로 부모의 아이에 대한 교육 습관이 그만큼 중요하다는 것을 의미하는 것이다.

수 천년 전 서양의 고대 그리스나 동양의 춘추전국시대의 교육관도 지금과 유사하다. 그리스의 소피스트나 중국의 공자나 맹자의 교육방법은 우선적으로 가정교육을 바탕으로 하고 있다. 맹모삼천지교는 지금의 아이에 대한 부모의 교육열을 의미한다. 맹자의 어머니가 아이를 위해서 이사를 여러 번 한 것은 바로 현대 아이를 키우는 엄마들의 아이의 교육에 대한 관심과 같은 맥락에서 이해 할 수 있다. 과일 나무는 거름을 주는 양과 방법에 비례해서 더 많은 열매를 맺는다. 여기에는 과학적 방법이 필요하다. 인간도 마찬가지다. 과학적인 교육방법에 따라서 아이의 장래가 결정된다.

우리에게 필요한 것은 바로 경제브랜드 10위의 경제력과 우수한 우리 배달민족의 두뇌를 바탕으로 하여 자녀들을 훌륭한 사회의 리더로 키우는 리더십 교육이다. 그 교육의 방법과 수준은 기존의 설익은 혁신적인 교육을 넘어서 강한 혁명적 수준의 자녀 교육 개혁으로 이루어져야 한다.

여기에 더해서 정치 · 사회의 거시적인 차원에서 미래 한국 노벨상 수상자 배출을 비롯하여 성공적인 교육을 위한 사회 구조의 개편에 대해 다음과 같은 방안을 제시하고자 한다. 한국 사회가 노벨 수상자를 배출하지 못하는 원인은 단순히 교육 문제에 국한된 것이 아니다. 노벨 수상자 배출을 막는 가장 큰 문제인 사회의 하부 구조, 즉 한국인들이 가지고 있는 의식 구조를 개선 · 개편해야만 한다.

① 혼자만 100점을 추구하는 엘리트 지향 의식

한때 현직 검사장이 부정을 저질러서 법무장관을 비롯하여 검찰

총장 등이 대국민 사과를 하였다. 또 국가 교육을 책임지는 교육부의 고위 공무원이 한 주요 일간지 기자들과의 회식 중에 "민중은 개돼지다."라는 말을 하여 논란이 됐었다.

이것은 무엇을 말하는가? 바로 이것이 엘리트 의식이다. 그들은 혼자만 성공을 향해서 달리겠다는 엘리트 의식에서 벗어나지 못하고 있다. 가장 근본적인 원인은 학교 교육과 가정 교육에 있다. 그들은 학교 공부를 열심히 해서 좋은 학교를 졸업했고, 사회에서 국가 최고 시험인 엘리트 시험에 합격하였다. 법조계에서 가장 좋은 인맥을 활용하여 출세가도를 달린 그들은 하늘 높은 줄을 몰랐다. 이들은 사회 정의를 실현하는 리더십 사고와는 거리가 먼 단순한 엘리트 사고만을 가지고 있었다. 이들은 자신의 이익을 위해서는 무슨 일이라도 한다. 부정은 물론, 인간의 존엄과 가치를 훼손시키는 행동까지도 서슴지 않는다.

리더는 무엇인가? 리더란 사회의 지도자를 말한다. 리더의 기본적인 자질은 높은 도덕성과 강한 책임감과 뛰어난 업무 능력이다. 이 중에서도 사회나 조직에서 리더십에서 가장 필요로 하는 요소는 높은 도덕성이다.

'노블레스 오블리주'라는 말이 있다. 이것은 높은 사회적 신분에 상응하는 도덕적 의무를 뜻하는 말이다. 위로 가면 갈수록 높은 도덕성을 필요로 한다는 것이다. 얼마 전 모 유명 변호사가 서울시 교육감에 출마한 일이 있었다. 그는 사회적인 인지도를 이용하여 한국의 교육 대통령 자리인 교육감 자리에 도전장을 내밀었다. 그의 당선이 유력시된 상황에서 그의 딸이 난데없이 "우리 아빠는 교육감 자격 없어!"라고 말하였다. 그 결과, 그는 낙선하고 말았다.

바로 이 점이 문제다. 학교의 우등생이 사회의 우등생이 되기 위해서는 바로 엘리트 정신이 아닌 리더십 정신을 필요로 한다. 한국식 학교 교육은 호연지기를 키워야 하는 시기에 경쟁심만 키운다. 혼자만 성공하겠다는 엘리트 지향주의 교육은 개인과 국가를 망친다. 현재 한국에서 노벨 수상자가 한 명도 나오지 못하는 이유가 바로 개인주의적 사고인 엘리트주의가 사회에 만연하고 있기 때문이다.

국가에서 주도하는 엘리트 공무원 시험인 행정고시나 사법고시 제도가 개인과 사회를 망치고 있다. 서양 사회인 미국에서는 이미 오래전에 이러한 시험에 의해서 선발하는 제도를 없앴다. 한국이 사법시험이나 행정고시로 인재를 등용하는 제도가 오래 계속되면서 특권의식이 생겼고, 부정부패의 온상이 되었다. 이제 서서히 글로벌 시대에 맞추어서 사법시험이나 행정고시제도가 사라지고 있다. 이것은 정말 국가 발전을 위해서 잘 한 일이다.

외국어 고등학교나 과학 고등학교도 가능하면 없애는 것이 바람직하다. 입시제도가 있을 때 세칭 '일류'라는 중·고등학교 졸업생들이 사회에서 우등생이 되지 못하는 이유가 바로 이러한 엘리트 의식이 무의식적으로 형성되었기 때문이다. 결과적으로 학교의 우등생이 사회의 우등생이 되기 위해서는 혼자만 성공하겠다는 엘리트주의 정신을 버리고 다 함께 성공의 가도를 향해 달려 나가는 리더십 정신이 필요하다.

② 한 우물만 파도록 하는 장인 정신 부족

한국이 노벨 수상자를 배출하지 못하는 가장 큰 원인 중의 하나가 바로 장인 정신이 부족하기 때문이다. 미국이나 일본인들은 자신의 직업에 대해서 끝까지 파고든다. 연구소나 대학에 근무하는 연구원이나 교수들은 한 가지 연구에만 집념한다. 그리고 자신의 분야에서 업적을 남기려고 노력한다.

그러나 한국의 경우는 그렇지 않다. 대학에 근무하는 교수들은 처음 몇 년간만 공부하고 연구하면 그만이다. 공부보다도 사회적으로 발을 넓히려고 뛰어 다닌다. 동시에 학장이다 처장이다 하는 보직을 맡는다. 그 결과, 자신이 연구하는 분야에서는 실력이 없는 학자가 되어 버린다.

또한 한국에서는 상당수의 교수들이 정치나 관계에 진입하려고 든다. 소위 말하는 '폴리 페서'라고 한다. 교수 정치인들을 말한다. 이들은 더 이상 연구는 할 수가 없다. 정치나 관계에 들어가서 권력 맛을 보았기 때문에 더 이상 책을 가까이 할 수가 없다. 중이 고기 맛을 보면 고기를 끊을 수 없는 것과 같은 맥락에서 이해할 수 있다. 한번 권력 맛을 본 사람은 평생 권력 주변을 맴돈다. 그러다가 여러 번 관계 진입을 시도한다.

그리고 자신을 알리기 위해서 언론 등 매스컴과 접촉한다. 방송을 타는 것이 그가 유명교수로 되는 지름길이기 때문이다. 이런 부류의 교수들이 한국에는 부지기수다. 이러다 보니 진짜 공부하고 노벨상을 받을 수 있는 실력 있는 교수들도 분위기에 휩쓸려서 결국은 큰 학자가 되지 못하고 만다.

미국의 경우는 대부분 학교의 교수들이 노벨상에 거의 근접해 있는 실정이다. 단지 노벨 수상을 받은 학자와 받지 못한 학자의 차이는 '운'이라고 할 수 있다. 그만큼 미국 대학 교수들은 자신의 분야에 전력투구한다. 미국이 전 세계 노벨상을 휩쓰는 이유가 여기에 있다.

학문의 길을 비롯하여 인생에서 성공을 향해 나가는 길은 외로운 길이다. 각종 유혹을 물리치고 초지일관 자신의 직업에 대해서 전념하는 장인 정신이 국가와 개인의 발전을 위해서 필요하다. 따라서 노벨상 수상자를 많이 배출하기 위해서는 자신의 직업에 대해서 만족하고 집중하는 장인 정신의 사회 풍토를 조성하는 일이 가장 시급하다.

③ 모든 길은 정치로 통한다는 나쁜 사고

한국에서는 해방 이후 오랫동안 독재정치가 실시되었다. 정치가 사회의 하부 구조를 이루면서 '모든 것은 정치로 통한다'는 사고가 팽배해졌다.

노벨 수상자를 가장 많이 배출한 미국과 영국은 민주주의가 가장 발달된 국가다. 특히 영국에서 산업혁명이 가장 먼저 일어났다. 그 이유는 바로 민주주의라는 하부 구조가 국민들의 의식 구조를 형성하고 있었기 때문이다. 영국은 이미 13세기에 마그나 카르타, 즉 권리장전을 선언하여 민주주의 국가로서 발전하기 시작하였다. 결국 영국은 산업혁명의 성공을 계기로 전 세계를 식민지 국가로 만들었다. 영연방 국가들은 '해가 지지 않는 국가'라고 불렀다.

한국이 노벨상을 가장 많이 수상하기 위해서는 정치가 최고라는 사고를 버려야만 한다. 앞에서도 언급한 것처럼 모든 것이 정치로 시작해서 정치로 끝난다는 사고는 과학의 발달을 크게 저해시키는 작용을 하고 있다. 조직에서도 자신이 부정을 저질러서라도 올라가려고 한다. 올바른 정의가 지배하는 사회가 되지 못한다.

초등학교 시절부터 반장을 하려고 한다. 반장을 하면 정치 성향을 키울 수 있다는 생각에서 부모들은 아이를 반장이나 학생회장으로 만들려고 한다. 이것은 한국에서 사회의 리더십을 키우는 것이 아니라, 장래 정치인이 되기 위한 정치적 성향을 키우는 것이다.

대학에서도 총 학생회장 선거는 사회의 정치인 선거 이상으로 과열 선거다. 그 이유는 학생회장은 사회에 나가서 국회의원을 비롯하여 정치인이 되는 데 지름길이자 중요한 경력이 되기 때문이다. 그렇다면 한국에서는 왜 정치인 선호 현상이 나타나고 있는가?

그 이유는 정치인이 되면 권력을 누릴 수 있다는 사고 때문이다. 또한 신분이 상승된다는 사고다. 한국에서는 일본이나 미국 등과는 달리 지배계급과 피지배계급 간의 차이가 심했고, 피지배계급에 대한 지배계급의 착취와 횡포가 심했다. 따라서 서민들은 자신은 비록 피지배 계급이지만 자식들은 지배계급으로 만들려고 한다. 그 자식들 역시 지배계급으로의 신분 상승을 위해 피나는 노력을 한다.

1950년대와 60년대는 대학에서 가장 인기 있는 학과는 정치학과와 법학과였다. 당시 법과 대학생들의 90퍼센트가 극빈자의 자식이었다. 그들에게는 법과대학을 지원하여 사법고시에 합격하는 길이 신분 상승을 할 수 있는 유일한 길이었다.

이러한 현상은 노벨상에 필요한 기초학문인 문리대의 물리학과나 화학과 등에는 기피하는 현상을 초래하였다. 그래서 물리학과나 화학과를 지망하는 학생들이 법학과나 의대를 지망하는 학생들보다 실력이 부족한 학생들이 대부분 이었다. 노벨상 수상 종목인 경제학 역시 법과에 지망하는 학생들보다 덜 우수한 학생들이 대부분이었다. 최근까지도 이러한 현상은 계속되고 있다.

민주화 이후에 한국인들의 의식 구조가 많이 변하면서 정치인과 변호사 등에 대한 선호도가 떨어지고 있다. 그러나 여전히 이공계에서는 노벨상에 필요한 기초학문인 물리학과나 화학과보다는 공대나 의과대학을 선호하는 경향이 매우 강하다. 동시에 어느 정도의 단계에 올라가면 상당수의 학자들이 자의든 타의든 정관계에 진출하려고 한다. 이것이 바로 한국인들이 가지고 있는 정치 선호도에서 기인한다고 할 수 있다.

그 결과 학문적으로 크게 성공하여 노벨상 후보가 될 수 있는 학자들이 대부분 꺾이고 만다. 이러한 정치 선호 풍토가 서서히 사라지고 있기는 하지만, 미래의 발전을 위해서는 하루 빨리 이러한 풍토를 없애야만 한다.

한국은 이제 글로벌 경제 브랜드 10위권의 경제대국으로 우뚝 섰다. 1960년대 초, 한국의 경제는 일본에게 70년을 뒤지고 있기 때문에 일본을 따라간다는 것은 불가능하다고 판단하였다. 그러나 우리는 역경을 딛고 일본 및 독일 등 선진국과 어깨를 나란히 하는 경제대국으로 도약하였다.

그럼에도 한국은 경제에 비하면 정치 · 사회 · 문화적 차원에서는 후진국형 모델을 벗어나지 못하고 있는 실정이다. 일본에서 노벨상 수상자가 1949년에 처음 나온 것에 비하면, 약 70년 정도 일본에 뒤지고 있다.

그러나 모두가 불가능하다고 생각한 경제대국으로서의 성장을 모두의 예상을 깨고 이룩한 것처럼, 한국이 노벨 수상 면에서 일본을 비롯한 서양 선진국들과 같은 수준으로 도약할 날도 머지않아 올 것을 희망한다.

· **강준만**, 《입시전쟁 전혹사》, 인물과 사상사, 2009.

· **김귀성**, 《현대교육사싱사》, 학지사, 2002.

· **김기수**, 《교육의 역사와 철학 강의》, 태영출판사, 2007.

· **김선양 외**, 《한국교육의 탐색》, 고려원, 1985.

· **김희태. 정환석**, 《유야교육철학 및 교육사》, 한국방송통신대학 출판부, 2015.

· **박영진**, 《교육철학 및 교육사》, 정민사, 2015.

· **심성보**, 《전환시대의 교육사상》, 학지사, 1995.

· **오천석**, 《교육철학신강》, 교학사, 1973.

· **이상호**, 《계몽주의 교육》, 학지사, 2005.

· **장덕삼**, 《한국교육사》, 동문사, 2003.

· **정규영**, 《동서양교육의 역사》, 학지사, 2011.

· **정호표**, 《현대교육철학》, 교육과학사, 2002.

· **조규남**, 《서양교육사》, 교육과학사, 1991.

· **조해경**, 《침략사상이 된 미국의 프런티어》. 법영사, 2007.

　　　　　《사무라이 조인트를 까라》, 현우사, 2010.

· **조현규**, 《동양교육사상》, 학지사, 2009.

· **주영흠**, 《자연주의 교육사상》, 학지사, 2003.

· **최현**, 《플라톤의 교육론》, 집문당, 1996.

· **팽영일**, 《교육의 철학과 역사》, 양서원, 2004.

· **한기언**, 《한국교육사》, 박영사, 1983.

· **Body, Williams.** 이홍우외 역《윌리암 보이드 서양교육사》, 과학교육사, 1994.

· **Dewey, J,** 이홍우 역《존 듀이 민주주의와 교육》, 과학교육사, 1987.

  박철홍 역《아동과 교육과정》, 문음사, 2002.

· **Guignon, C. B.** Heidegger and The Problem of Knowledge. Indianapolis:
  Hackett Publishing Company., 1983.

· **Gute, G. L.** An Historical Introduction to American Education .N.Y. :
  Thomas Y. Growell Co., 1970.

  Philosophical Alternatives in Education. Ohio: Charles E.
  Merrill., 1974.

· **Kneller, G.F.** Movements of Thought in Modern Education. N.Y. : John
  Wiley& Son., 1984.

· **Kuhn, T.S.** The Structure Of Scientific Revolution (2nd ed) Chicago: The
  University of Chicago Press., 1970.

· **Peter, R. S.** The Philosophy of Education. Suffolk: Oxford University
  Press., 1978.

· **Ulich, R.** Education in Western Culture. New York: Harcourt, Brace and
  World, Inc., 1965.

· **Vandenberg, D.** Education As A Human Right. N.Y. : Teachers College,
  Columbia University., 1990.

엘리트로 키우는 엄마 리더로 만드는 아빠

열리는 줄 키우는 엄마 리더로 만드는 아빠